齋藤 孝

これで カンペキ!

声に出して マンガでおぼえる

1年生の漢字

岩崎書店

はじめに

一年生《いちねんせい》のみんながはじめてであう「漢字《かんじ》」。漢字《かんじ》は中国《ちゅうごく》からきたものがほとんどで、なかには日本《にほん》でつくられた漢字《かんじ》もあるんだよ。

日本語《にほんご》の本《ほん》をよんだり、日本語《にほんご》でぶんしょうをかいたりするためには、漢字《かんじ》がよめてかけるようになることがたいせつだね。この本《ほん》は、一年生《いちねんせい》でならう漢字《かんじ》について、よみかたやかきじゅん、その漢字《かんじ》をつかってできる熟語《じゅくご》をしょうかいしているよ。

いまはけいたいでんわやスマートフォン、パソコンなどに文字《もじ》をうちこむことがおおくなっているけれど、自分《じぶん》の手《て》で文字《もじ》をかくことをわすれてはいけない。手《て》でかく文字《もじ》には、かいた人《ひと》の思《おも》いがこめられていて、それがよんだ人《ひと》にもつたわるんだ。てがみをもらうとうれしいのは、そのためだね。

　この本《ほん》でたいせつにしていることの一《ひと》つに「かきじゅん」があるよ。**かきじゅんは「いーち」「にーい」「さーん」とこえにだして、ゆびでなぞりながらかいていけば、その文字《もじ》が何画《なんかく》かわかって、かくじつにおぼえられるよ。**

　左《ひだり》ページの熟語《じゅくご》をみると、漢字《かんじ》はくみあわせによって、いろいろなよみかたになることがわかるね。だから、漢字《かんじ》のよみかたは熟語《じゅくご》でおぼえてしまおう。

　まずは**八十《はちじっ》コ**！　いっしょにがんばってみよう！

この本《ほん》に登《とう》場《じょう》する人《ひと》たちのしょうかい

かんなちゃんかぞく
かんなちゃん
(小 4)
かんなちゃんの
ママ
かんなちゃんの
パパ
3 にんは
なかよし
ポッチ
ゆうかちゃん
(小 4)
オシャレさん
さきちゃん
(小 4)
スポーツ少女《しょうじょ》
かんなちゃんの
おにいちゃん
(小 6)
花田《はなだ》3 きょうだい
いちろう (小 6)
じろう (小 4)
さぶろう (小 2)
花田《はなだ》パパ
花田《はなだ》ママ

山田《やまだ》さん
（小 4）

かけるくん
（小 4）
はんこうき

つばさくん
（小 4）
サッカー少年《しょうねん》

ゆうかちゃん
パパ

ゆうかちゃん
ママ

たくみくんの
おとうさん

たくみくん
（小 4）

ひろくんかぞく

ひろくん
（小 4）

ひろくんの
パパ

ひろくんの
おじいちゃん

先生《せんせい》たち

齋藤先生《さいとうせんせい》

学校《がっこう》の
たんにんの先生《せんせい》

学校《がっこう》の
体育《たいいく》の先生《せんせい》

もくじ

声《こえ》に出《だ》してマンガでおぼえる

1年生の漢字

／画数《かくすう》の順番《じゅんばん》にならんでいるよ／

車	休	名	糸	右
148	138	126	116	106
花	赤 七画	早	気	目
150	140	128	118	108
町	足	百	先	本
152	142	130	120	110
見	男	耳	竹	四
154	144	132	122	112
村	貝	虫	年	字 六画
156	146	134	124	114

この本のつかいかた

こえにだしてなぞってみよう

❶からはじめるよ。❶のところにゆびをおいて、「いーち」とこえをだしながらなぞったら、つぎは②のところにゆびをおいて「にーい」とじゅんばんになぞっていこう。

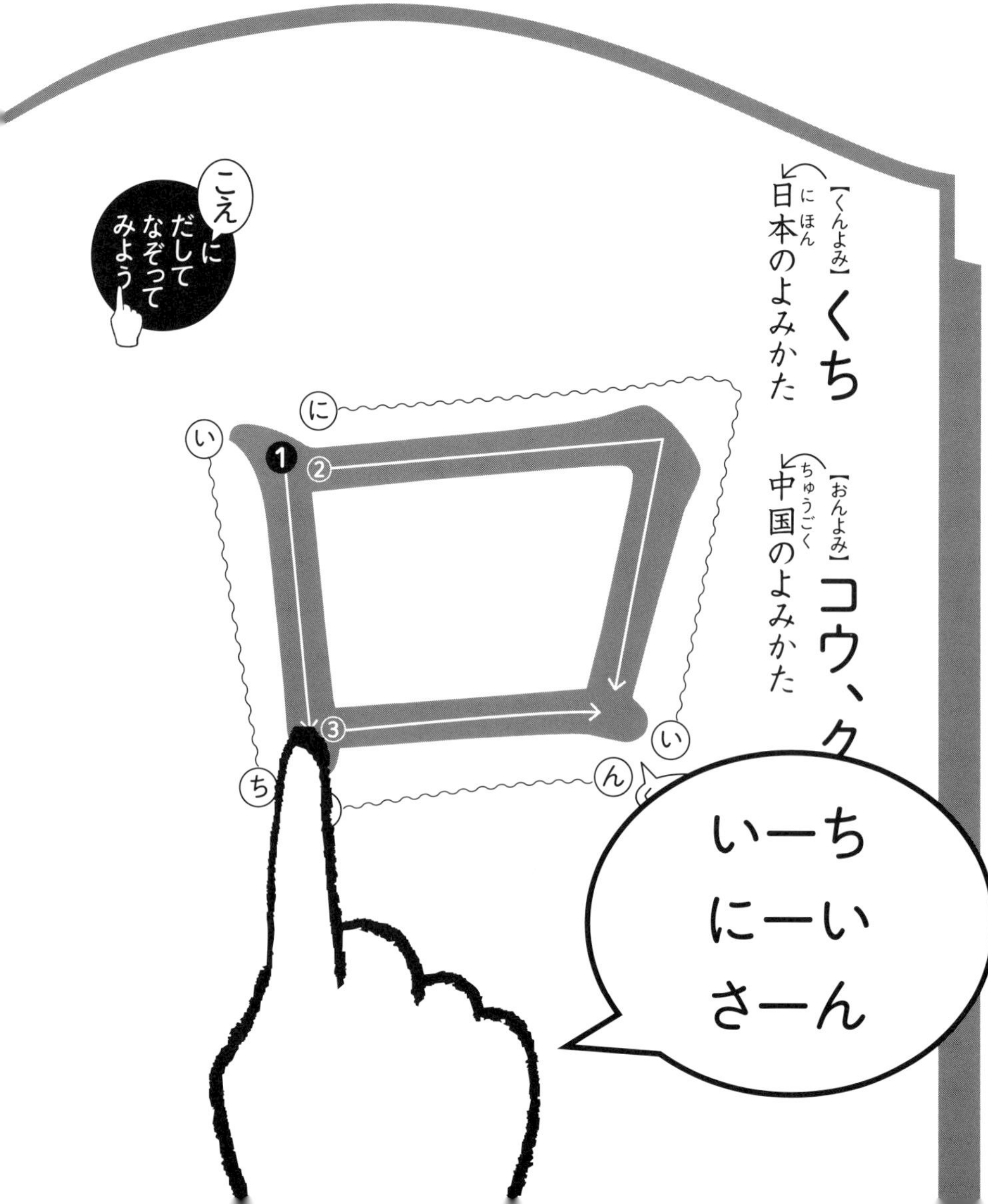
【くんよみ】くち
日本《にほん》のよみかた
【おんよみ】コウ、ク
中国《ちゅうごく》のよみかた
こえにだしてなぞってみよう
いーち
にーい
さーん

こえにだして五回よもう

ここにでてきた
漢字《かんじ》は、
こえにだして、
五回《ごかい》よむと
わすれないよ。
一年生《いちねんせい》でならわない
漢字《かんじ》もあるけれど、
おぼえてしまおう。

こえにだして五回よもう

「口」でできることば

口座《こうざ》　戸口《とぐち》
火口《かこう》　悪口《わるくち》
早口《はやくち》　人口《じんこう》
出口《でぐち》　入り口《いぐち》

こうざ
とぐち
かこう

「口はわざわいのもと」という、ことわざがあるよ。ことばはたいせつに。

こえにだしてなぞってみよう

【くんよみ】ひと・つ

【おんよみ】イチ

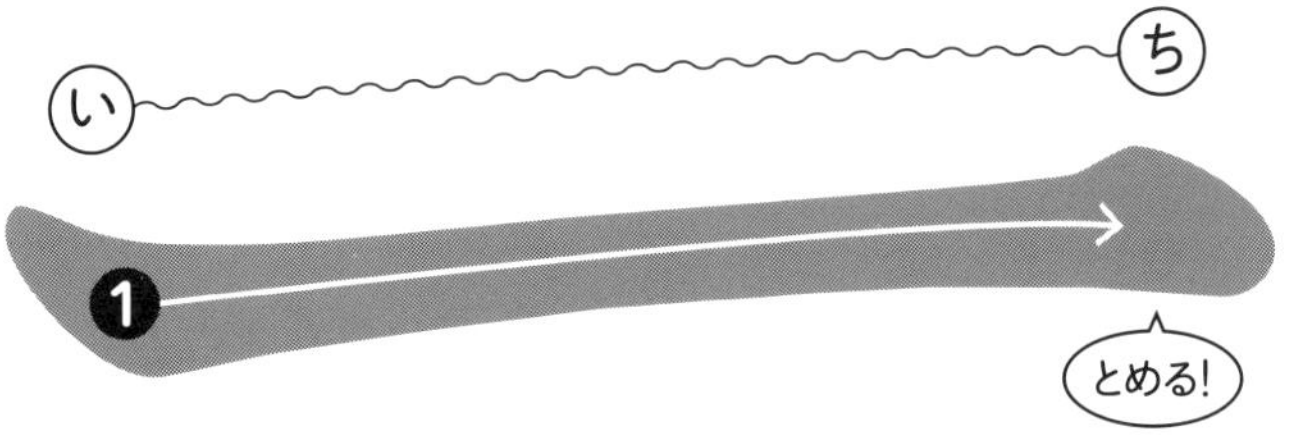
い
ち
1
とめる!

なに組《ぐみ》か、かいてあるわ
おめでとう!!
入学式《にゅうがくしき》
小学校
1

こえにだして五回よもう

「一」でできることば

一《いっ》生《しょう》

一《いっ》気《き》

一《いっ》本《ぽん》

一《いち》番《ばん》

一《ひと》息《いき》

一《ひと》言《こと》

一《ひと》山《やま》

一《いち》年《ねん》目《め》

「一人《ひとり》」のよみかたは、ぜんたいで「ひとり」とよむんだよ。「二人《ふたり》」もおなじだね。

一年《いちねん》一組《いちくみ》
ママ、わたしほしぐみ？つきぐみ？
フフフッ
一年《いちねん》一組《いちくみ》よ

2

【くんよみ】い・れる、はい・る

【おんよみ】ニュウ

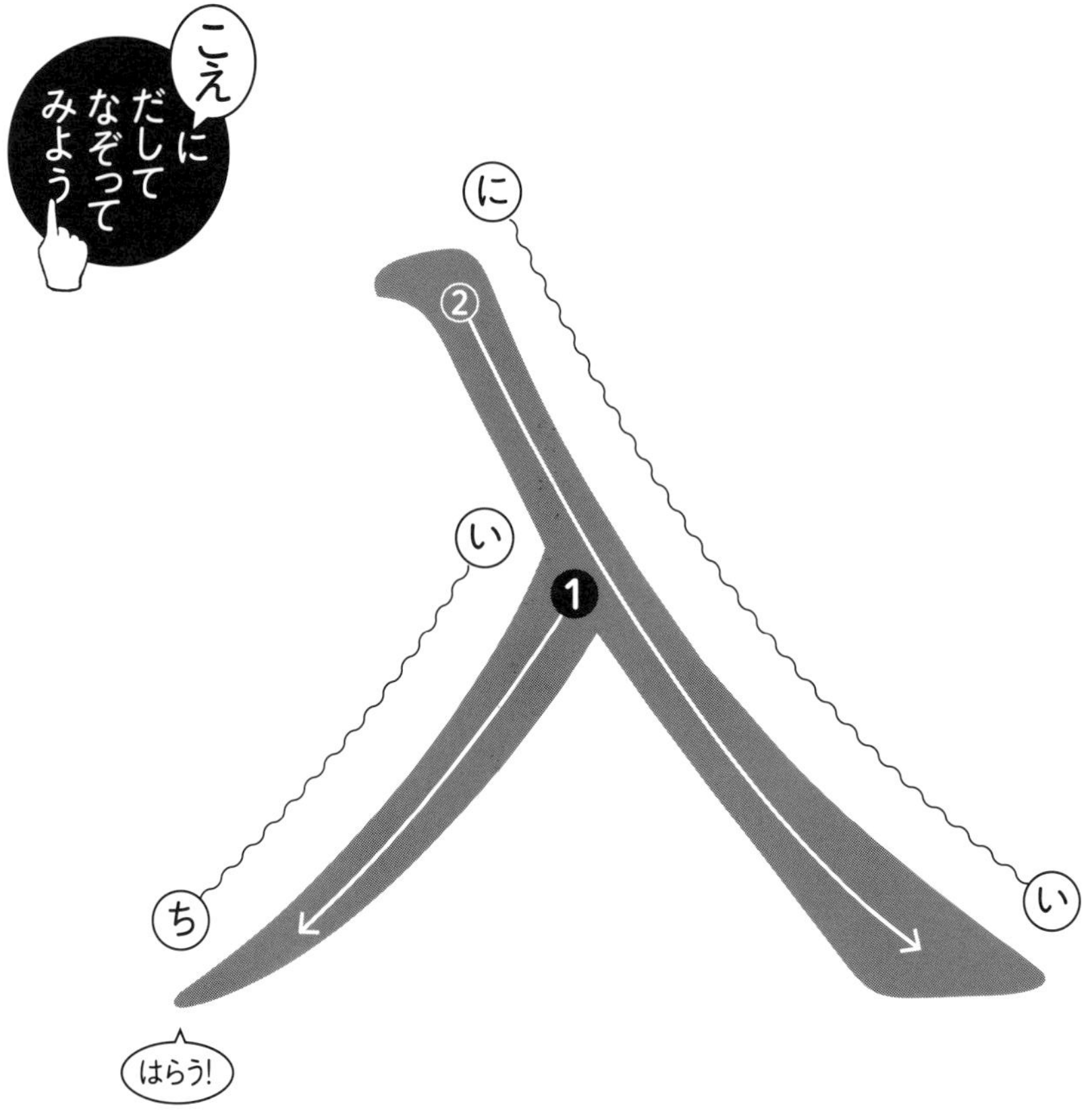
こえにだしてなぞってみよう
に
②
い
①
い
ち
はらう!

たいいくかんはどこから、入《はい》るのかなあ
?
一年
一年
1

こえにだして五回よもう

「入」でできることば

入《にゅう》金《きん》　記《き》入《にゅう》

入《にゅう》会《かい》　入《はい》り方《かた》

入《にゅう》学《がく》　出《で》入《い》り

入《にゅう》手《しゅ》　新《しん》入《にゅう》生《せい》

「人《ひと》」と「入《にゅう》」、かたちがにているからちゅういしよう！

入《い》り口《ぐち》はあそこだよ！
あっほんとだっ
ありがとうございます！

2

【くんよみ】ここの・つ

【おんよみ】キュウ、ク

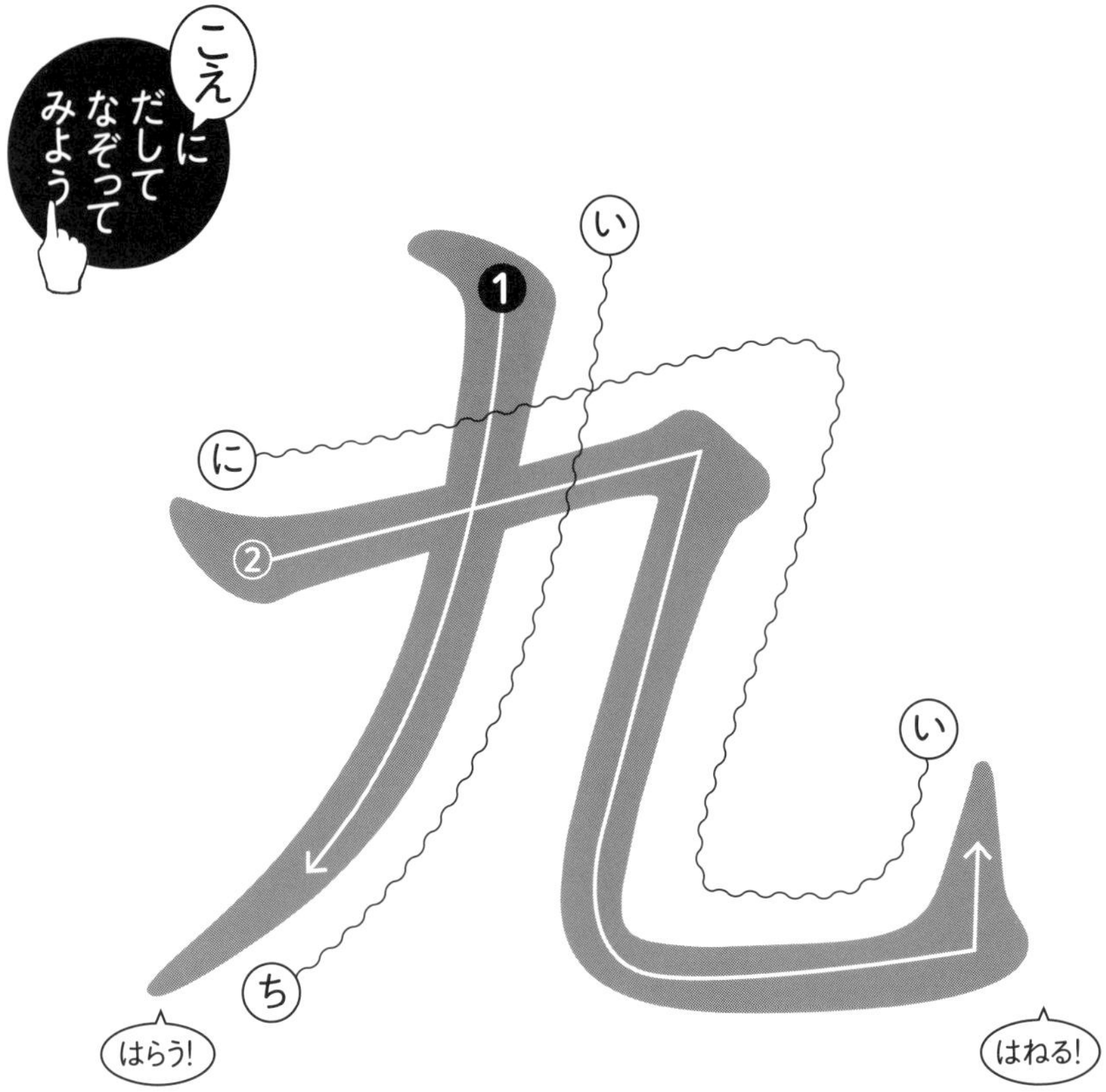

こえにだしてなぞってみよう
1
2
い
に
い
ち
はらう!
はねる!

いま、おばあちゃんがきてるんだ!
いいなあ、どこからきてるの?
1

こえにだして五回よもう

「九」でできることば

九本《きゅうほん》

第九《だいく》

九人《くにん》

九州《きゅうしゅう》

九九《くく》

九時《くじ》

九日《ここのか》

九官鳥《きゅうかんちょう》

二年生《にねんせい》になったら、さんすうでかけざんの九九《くく》をならうよ！　がんばっておぼえよう。

ええと…、六《ろく》じゃなくて七《なな》でもない八《はち》でもない…
九州《きゅうしゅう》よ！
日本
ここが九州
2

【くんよみ】ちから

【おんよみ】リキ、リョク

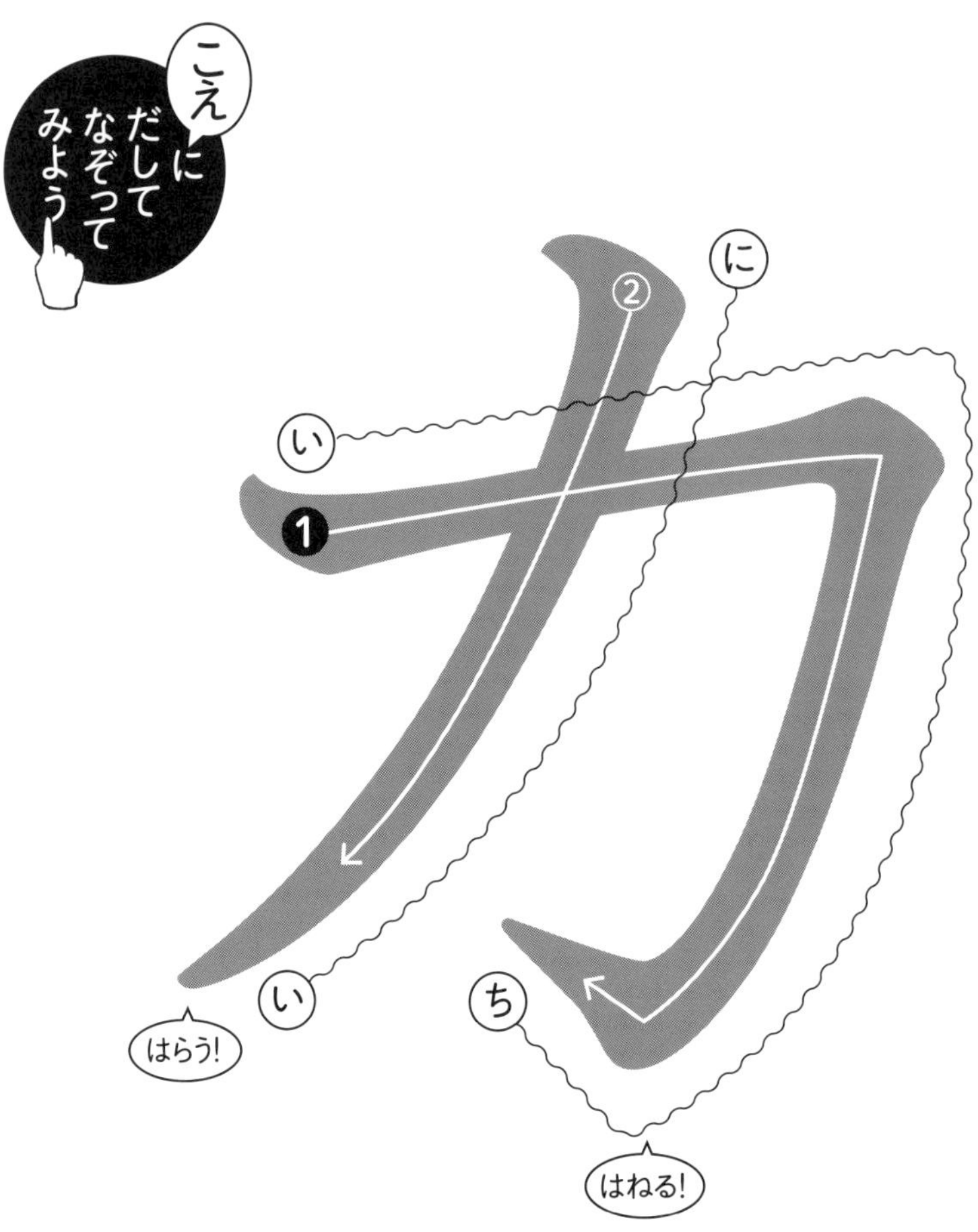
こえにだしてなぞってみよう
1
2
い
に
い
ち
はらう!
はねる!

すばらしい! 力作《りきさく》ですね
ありがとうございます!
1

こえにだして五回よもう

「力」でできることば

体《たい》力《りょく》　学《がく》力《りょく》

力《りき》作《さく》　努《ど》力《りょく》

馬《ば》力《りき》　力《ちから》仕《し》事《ごと》

力《りき》士《し》　力《ちから》持《も》ち

ひらがなの「か」やカタカナの「カ」とまちがえないよう、力《ちから》いっぱいにかこう。

力《ちから》まかせにかいたら、ぐうぜんできた… なんていえないなあ。
すごい!
ほう
パパどうしたの?

2

こえにだしてなぞってみよう

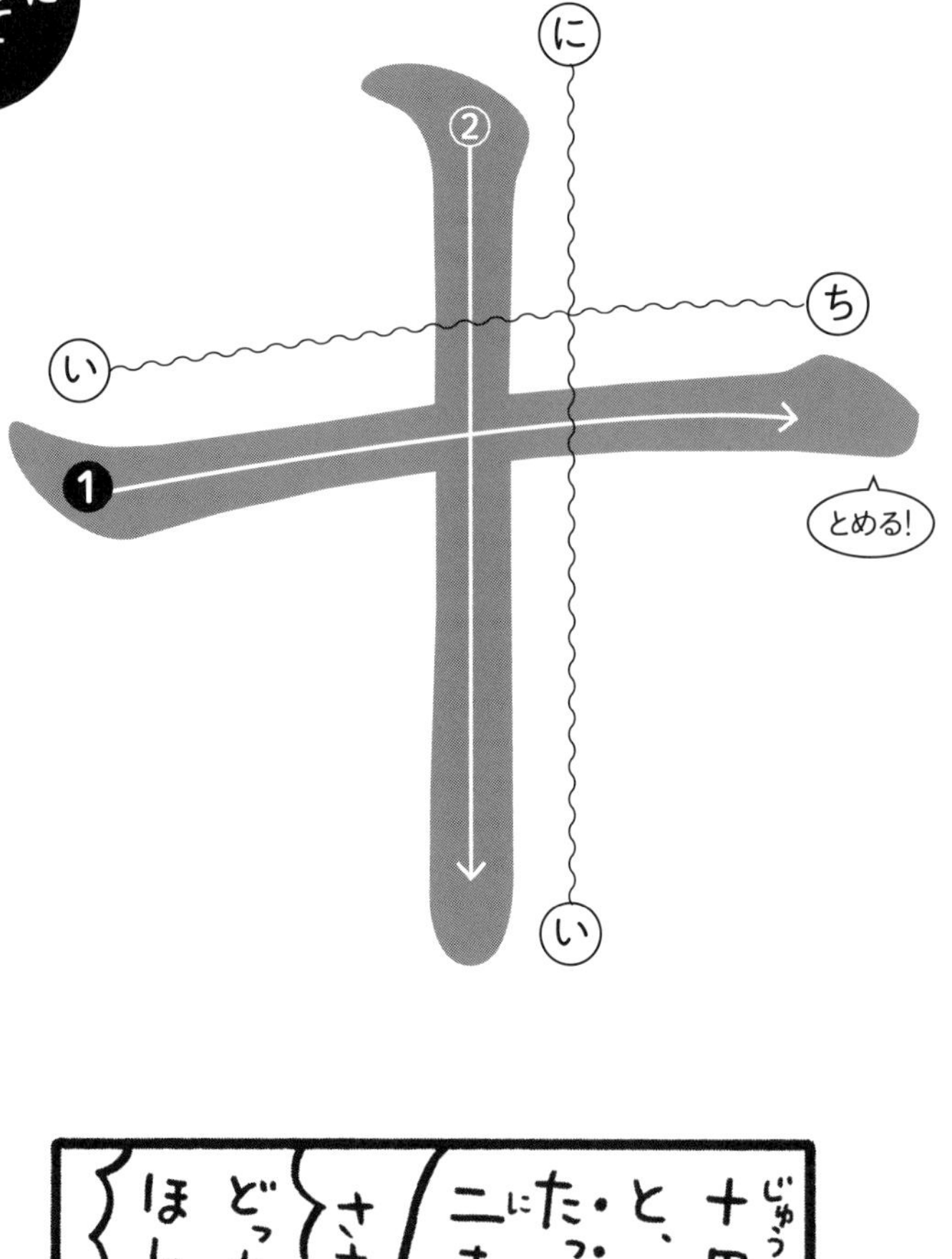

に
ち
い
い
1
2
とめる!

【くんよみ】とお

【おんよみ】ジュウ、ジッ

十円《じゅうえん》が十《じゅう》まいと、百円《ひゃくえん》がたったの二《に》まい！
さあ！どっちがほしい！
十円《じゅうえん》が十《じゅう》まい
百円《ひゃくえん》二《に》まい
1

1

こえにだして五回よもう

「十」でできることば

十《じっ》本《ぽん》 十《じゅう》字《じ》

十《じっ》分《ぷん》 十《とお》日《か》

十《じっ》匹《ぴき》 十《じゅう》五《ご》夜《や》

十《じゅう》月《がつ》 十《じゅう》二《に》支《し》

「十日」は「とおか」とよむよ。「とうか」ではないから、きをつけよう。

ええ！
かずがおおいほうをとるとおもったのに…
こっち！
あまいよ、いちろうにいちゃん
2

こえにだしてなぞってみよう

【くんよみ】なな・つ

【おんよみ】シチ

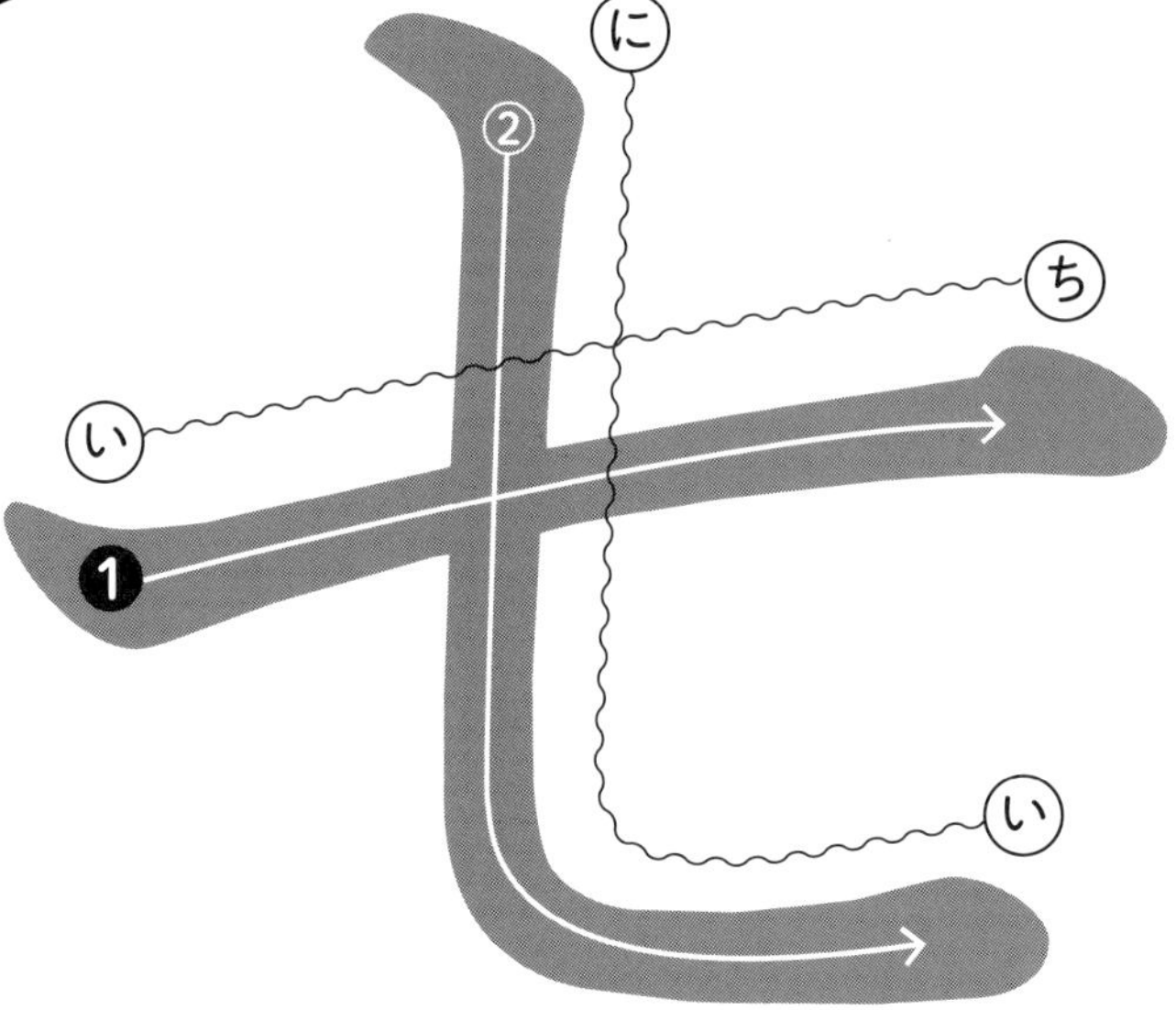

い
ち
に
い
1
2

とうちゃん!
七《なな》つどうぐってなに?
おうっ
さぶろう!!
大工《だいく》のとうちゃん
1

こえに
だして
五回
よもう

「七」でできることば

七《なな》色《いろ》

七《しち》輪《りん》

七《なな》草《くさ》

七《しっ》宝《ぽう》

七《なな》光《ひかり》

七夕《たなばた》

七《なの》日《か》

七《しち》福《ふく》神《じん》

一月七日《いちがつなのか》は春《はる》の七草《ななくさ》を食《た》べる日《ひ》、七月七日《しちがつなのか》は七夕《たなばた》。きせつのぎょうじをたのしもう。

ひとつにまとめたどうぐのことだ
ほらっ!
とうちゃんの七《なな》つどうぐだ
かっこいい!
2

【くんよみ】ひと

【おんよみ】ジン、ニン

こえにだしてなぞってみよう

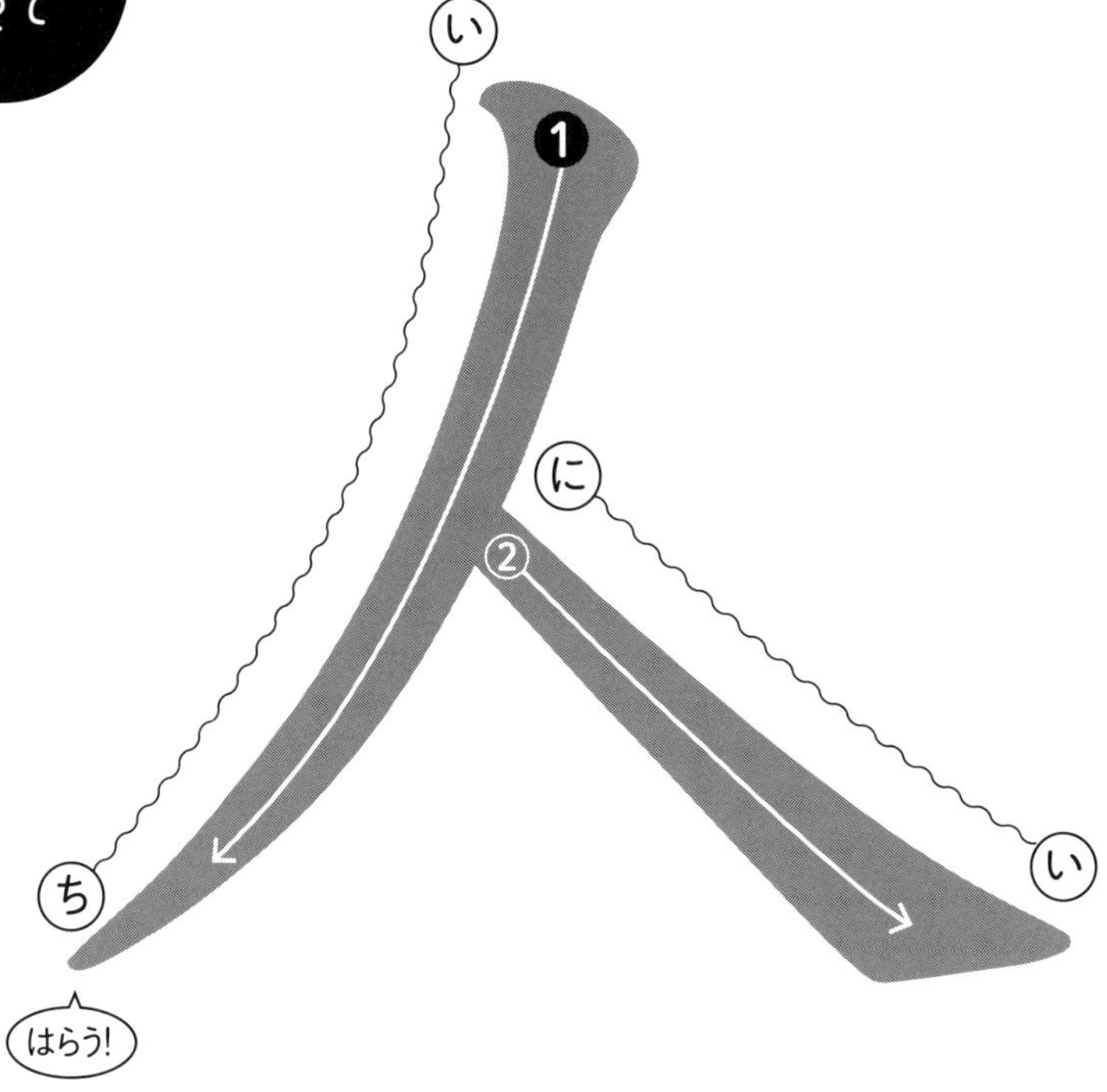
い
1
に
2
ち
い
はらう!

一人《ひとり》、二人《ふたり》、三人《さんにん》…… 一《いっ》ぴき
一《いっ》ぴき？ 人《ひと》じゃないの？
バス

1

こえにだして五回よもう

「人」でできることば

名人《めいじん》　友人《ゆうじん》

人名《じんめい》　人手《ひとで》

人間《にんげん》　大人《おとな》

人気《にんき》　日本人《にほんじん》

「人《ひと》」は、「一人《ひとり》」「二人《ふたり》」「大人《おとな》」と、いろいろなよみかたをするよ。

ほらっ、ポッチもならんでるよ！
ポッチ
ほんとだ！
パパのおべんとうもってるわ！とどけるつもりね！？

2

【くんよみ】ふた・つ

【おんよみ】二

こえにだしてなぞってみよう

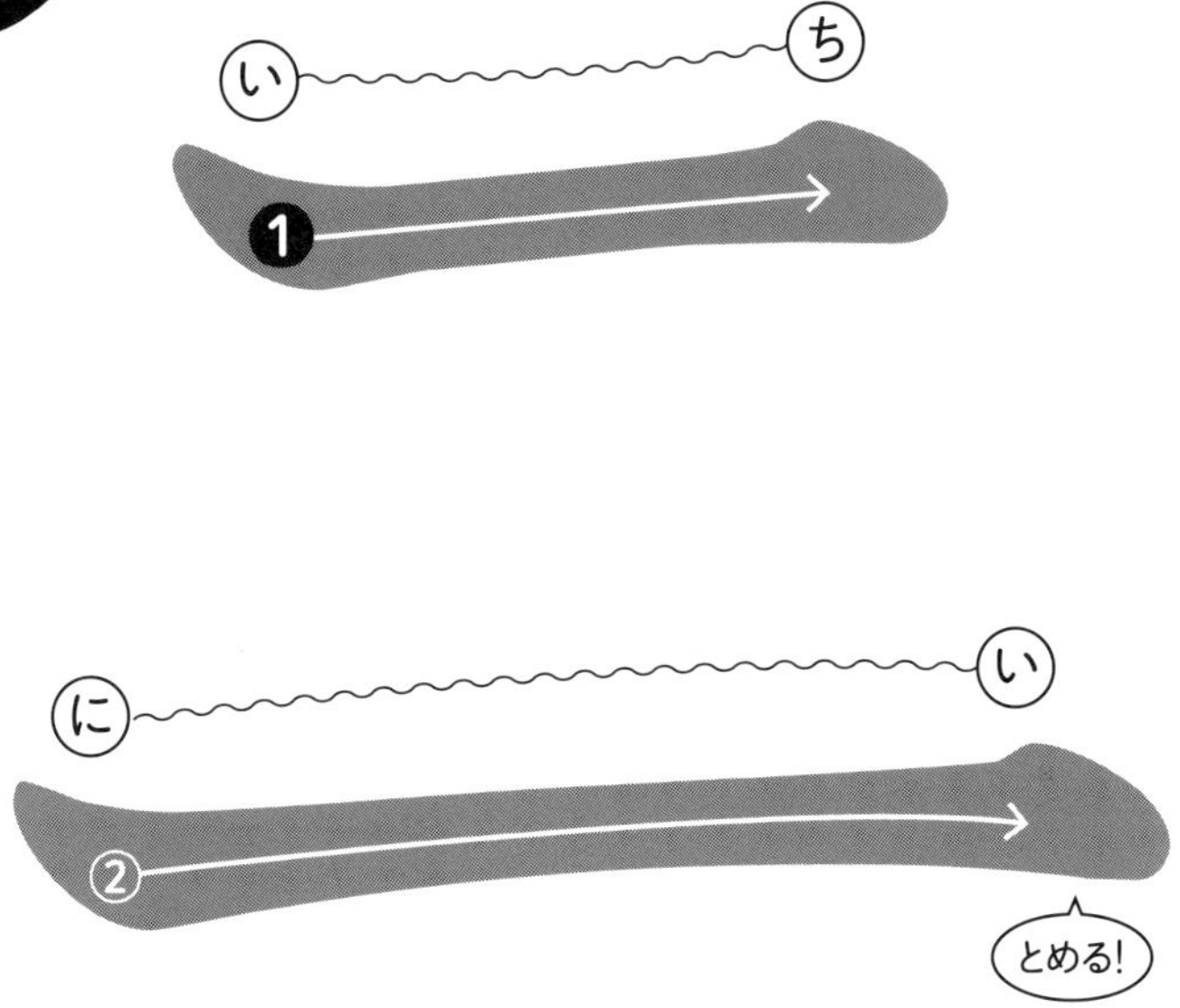

いち
1
にい
2
とめる!

一年生《いちねんせい》になってはじめてのたいいくです。
二人《ふたり》一《ひと》組《くみ》になりましょう!
わい
わい

1

こえに だして 五回 よもう

「二」でできることば

二《に》月《がつ》

二《に》世《せい》

二《に》回《かい》

二《ふた》葉《ば》

二《ふた》人《り》

二十日《はつか》

二《ふた》手《て》

二《に》学《がっ》期《き》

「二つ」は「ふたつ」、「二人」は「ふたり」。
「二葉」は「ふたば」とよみかたはいろいろだ。

はじめまして よろしく ね！
なかよく してね！
わあ
わあ
わあ
2

【くんよみ】や、やっ・つ、よう

【おんよみ】ハチ

こえにだしてなぞってみよう

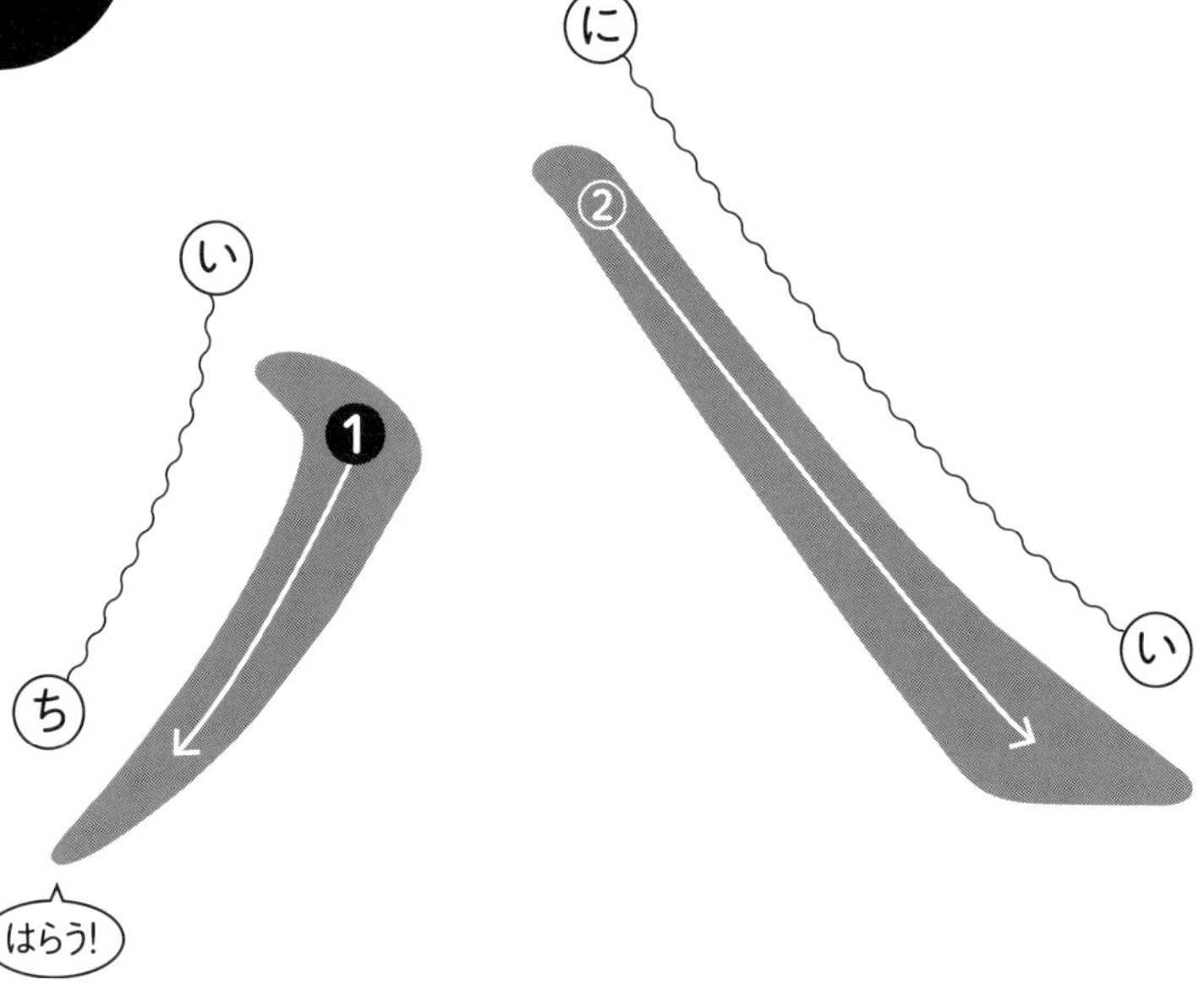

こえに だして 五回 よもう

「八」でできることば

八本《はっぽん》
八分目《はちぶんめ》

八月《はちがつ》
八百屋《やおや》

八番《はちばん》
八重桜《やえざくら》

八日《ようか》
八重歯《やえば》

八《はち》は下《した》にむかってひろがるから「末広《すえひろ》がり」といって、えんぎがいい数字《すうじ》だよ。

なつ休《やす》みでしょ！いっぱいあそべる！
もうそんな先《さき》のことかんがえているの!?
2

【くんよみ】うえ、うわ、かみ、あ・がる、のぼ・る

【おんよみ】ジョウ

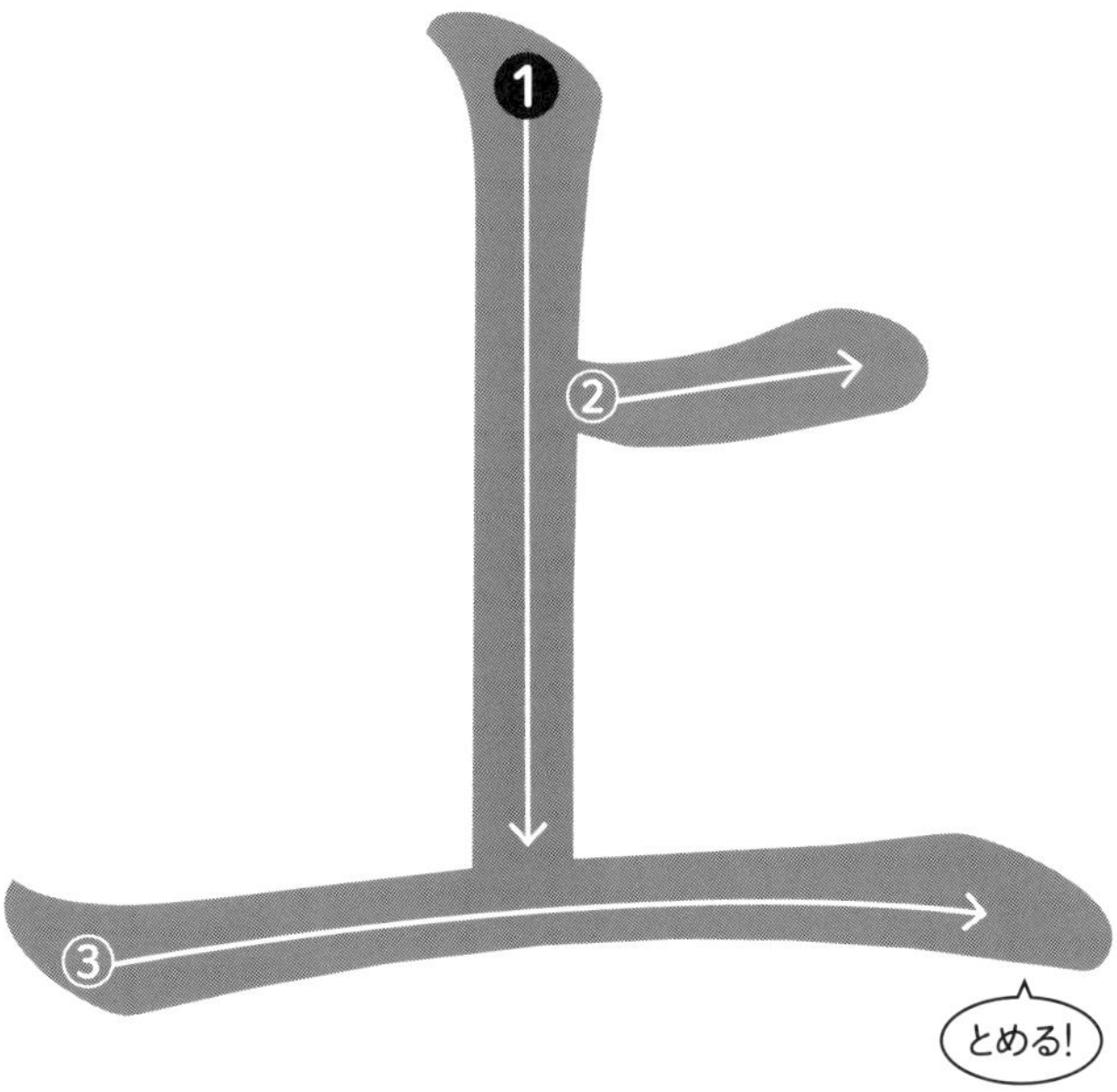

①
②
③
とめる!

こえにだしてなぞってみよう

1
おしゃれなコートがほしいなあ…
上《うえ》へまいります!
1

こえにだして五回よもう

「上」でできることば

上《じょう》品《ひん》　川《かわ》上《かみ》

年《とし》上《うえ》　上《のぼ》り坂《ざか》

上《かみ》手《て》　上《じょう》級《きゅう》生《せい》

上《うわ》着《ぎ》　値《ね》上《あ》げ

「上手」には、「うわて」「かみて」「じょうず」というよみかたがあるよ。

五《ご》かい子《こ》どもふくうりばです。
わあ
コートがいっぱい♡
2

こえにだしてなぞってみよう

【くんよみ】お、こ、ちい・さい

【おんよみ】ショウ

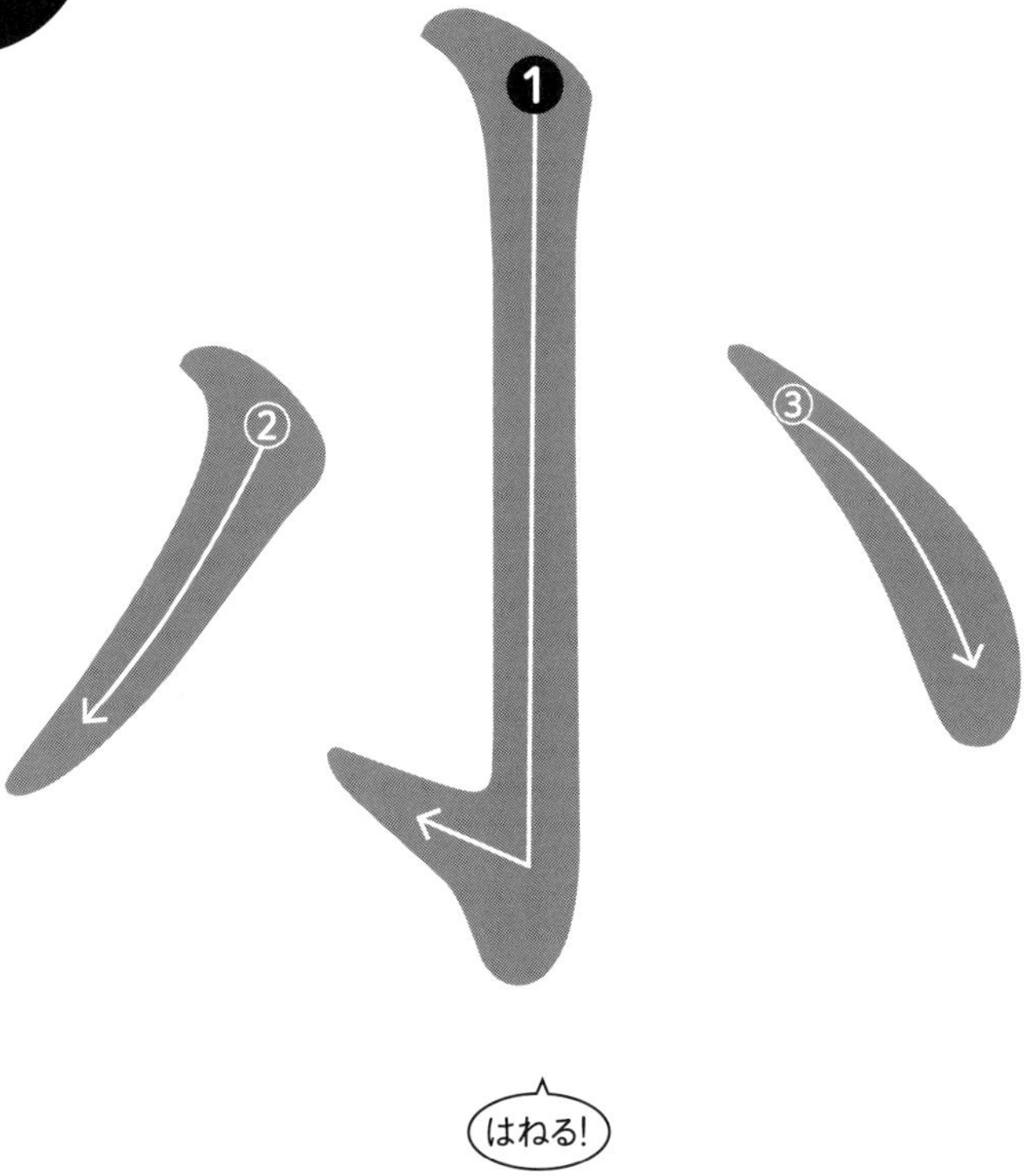
1
2
3
はねる!

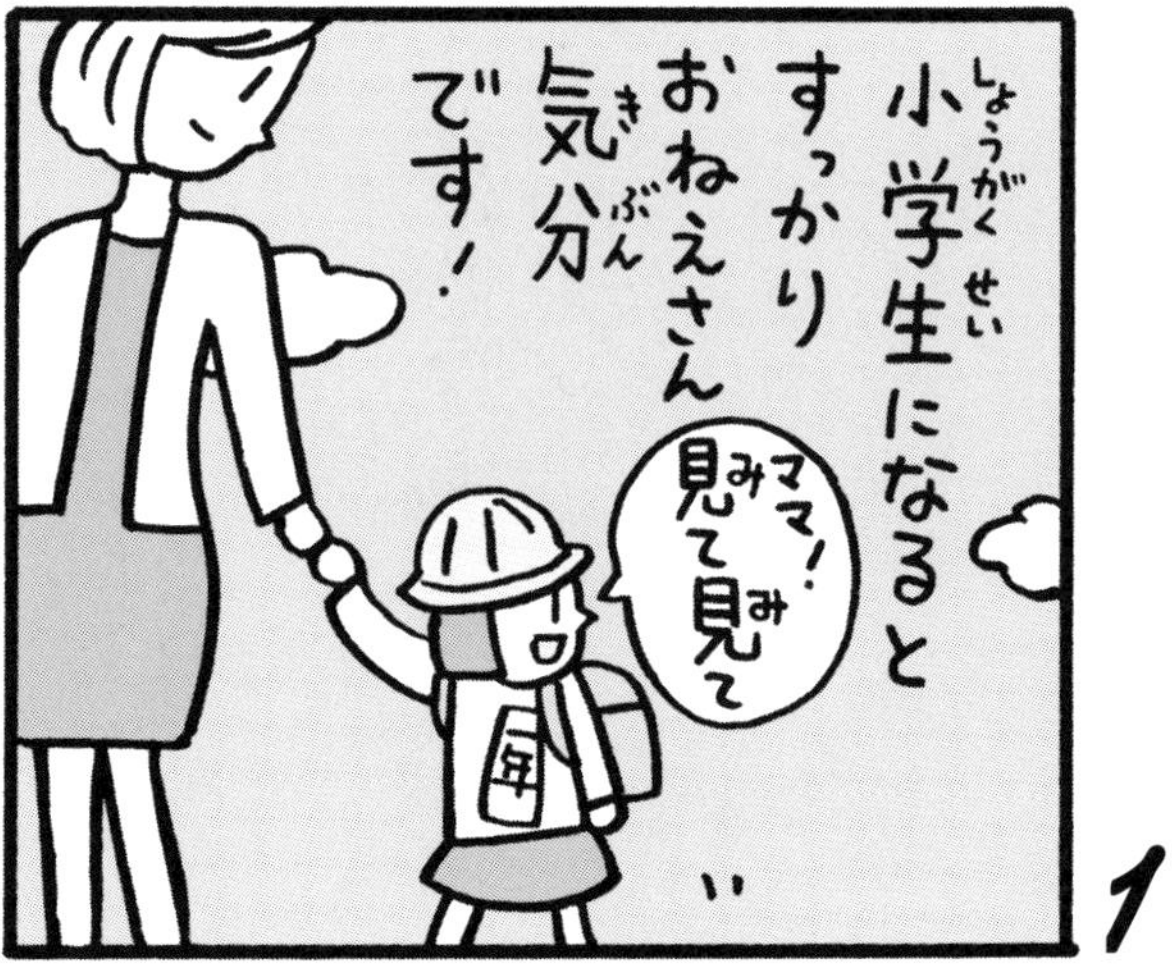
小学生《しょうがくせい》になるとすっかりおねえさん気分《きぶん》です!
ママ! 見《み》て見《み》て
1

こえに だして 五回 よもう

「小」でできることば

大小《だいしょう》

小指《こゆび》

小川《おがわ》

小雨《こさめ》

小声《こごえ》

小鳥《ことり》

小屋《こや》

小学生《しょうがくせい》

「小豆《あずき》」はとくべつなよみかた、「大《おお》きい豆《まめ》」は「大豆《だいず》」だね

ようちえんの子《こ》たちよ、小《ちい》さくてかわいいね！
一年
2

【くんよみ】おお、おお・きい

【おんよみ】ダイ、タイ

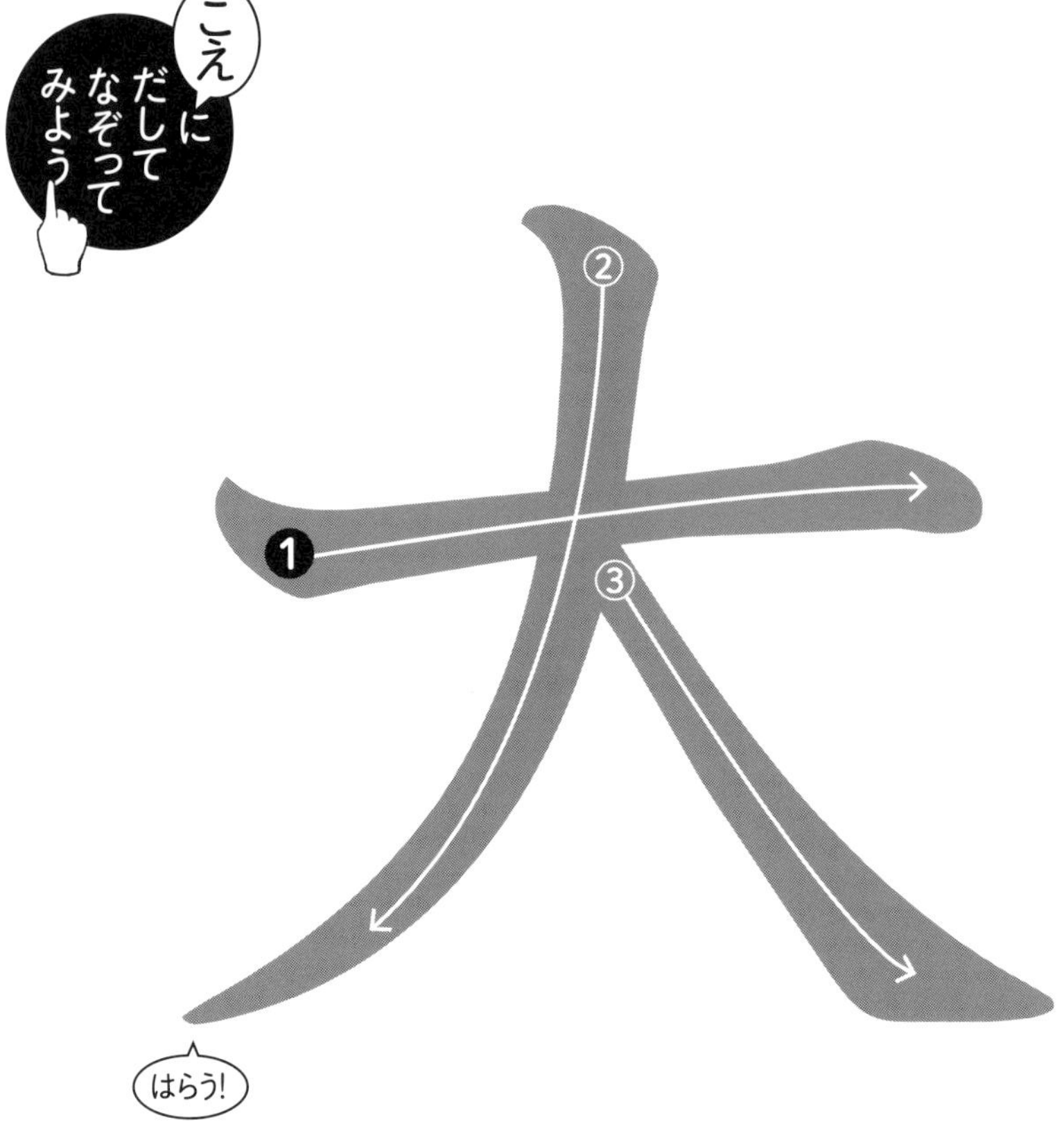
こえにだしてなぞってみよう
1
2
3
はらう!

とうちゃんのしごとは…
ダダダー
1
2
3

1

こえにだして五回よもう

「大」でできることば

大《だい》小《しょう》　大《だい》事《じ》

大《だい》地《ち》　大《おお》声《ごえ》

大《たい》木《ぼく》　大《おお》雨《あめ》

大《たい》会《かい》　大《おお》通《どお》り

「大人」は「おとな」とよむから、おぼえておこう。

【くんよみ】おんな、め

【おんよみ】ジョ、ニョ

こえにだしてなぞってみよう

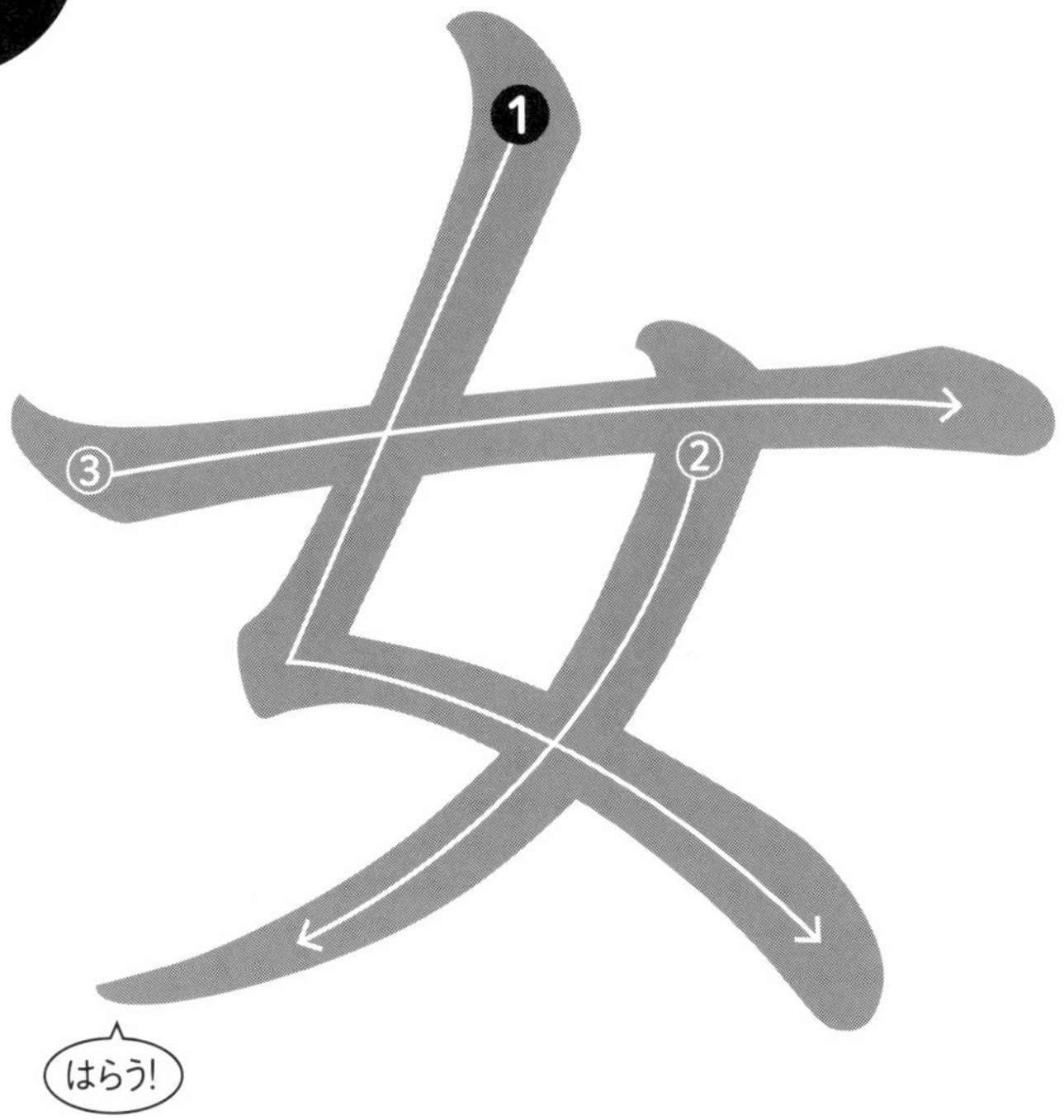

はらう!

子《こ》どもふく
ゆうかちゃんと、さきちゃん!
このスカートすてき♡
みてみて
ほんと
このポシェットかわいい
あっこれも!
1

こえにだして五回よもう

「女」でできることば

女子《じょし》 女手《おんなで》
女性《じょせい》 女神《めがみ》
少女《しょうじょ》 天女《てんにょ》
男女《だんじょ》 女《おんな》の子《こ》

海《うみ》にもぐって魚《さかな》や貝《かい》をとる女《おんな》の人《ひと》を「海女《あま》」というんだよ。

なんだか、うちのおかあさんみたいだな
子《こ》どもも大人《おとな》も女《おんな》の人《ひと》ってかいものがすきなのかなア
2

【くんよみ】かわ

【おんよみ】セン

こえにだしてなぞってみよう

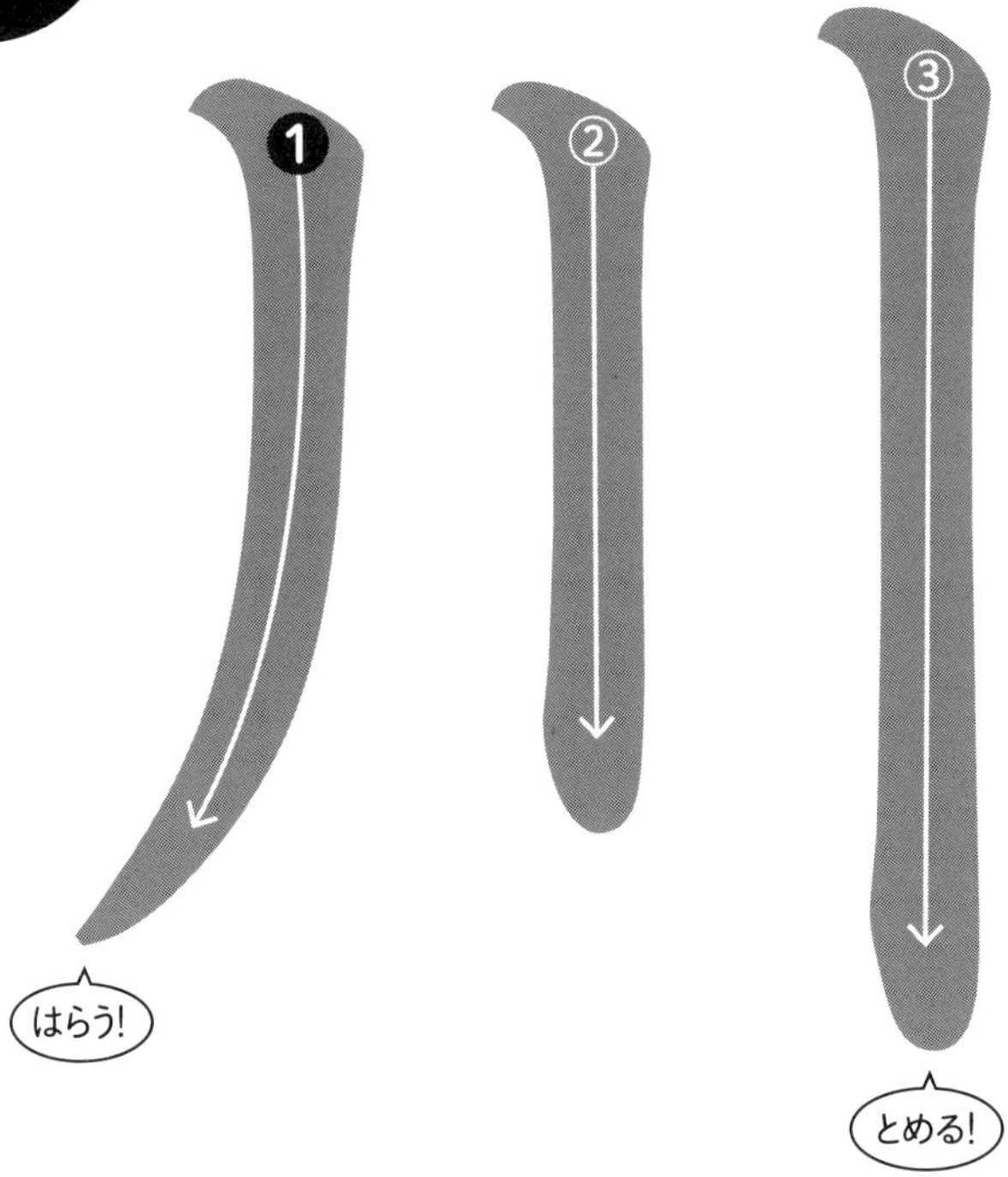

1
2
3
はらう!
とめる!

おい!
三人《さんにん》で川《かわ》の字《じ》になって、ねてみようぜ!
おお!
1

こえにだして五回よもう

「川」でできることば

河川《かせん》

小川《おがわ》

川上《かわかみ》

大川《おおかわ》

川下《かわしも》

川魚《かわざかな》

川岸《かわぎし》

谷川《たにがわ》

おやこ三人《さんにん》でねることを「川《かわ》の字《じ》になる」というんだ。

おい じろう！
足《あし》をもっとはらえ！
こうかな？
2

【くんよみ】くち

【おんよみ】コウ、ク

こえにだしてなぞってみよう

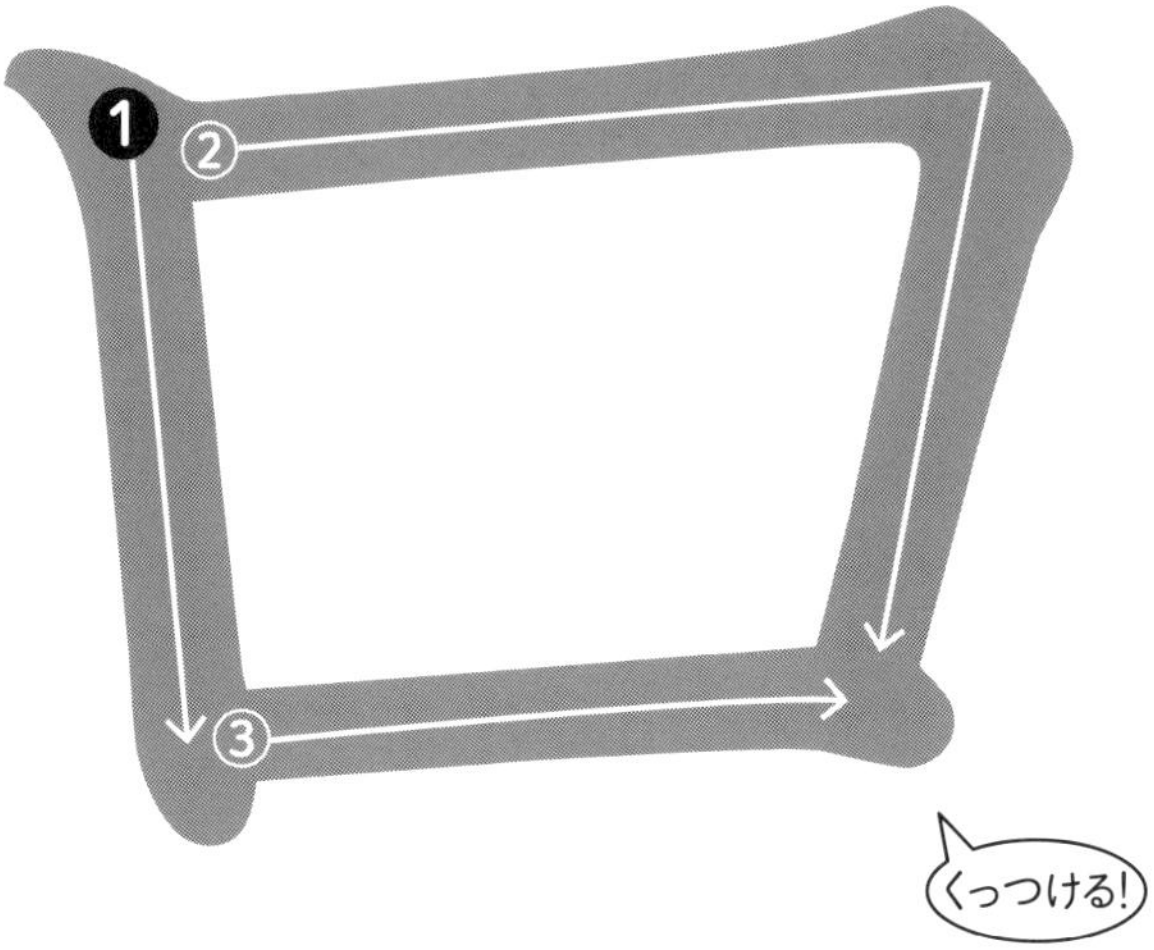
1
2
3
くっつける!

お口《くち》を大《おお》きくあけてねぇ
1

こえにだして五回よもう

「口」でできることば

口座《こうざ》　戸口《とぐち》

火口《かこう》　悪口《わるくち》

早口《はやくち》　人口《じんこう》

出口《でぐち》　入《い》り口《ぐち》

「口はわざわいのもと」という、ことわざがあるよ。ことばはたいせつに。

上《うえ》のにゅうしがもうすぐぬけるね！
ああうえいいい！

2

【くんよみ】こ

【おんよみ】シ、ス

こえにだしてなぞってみよう

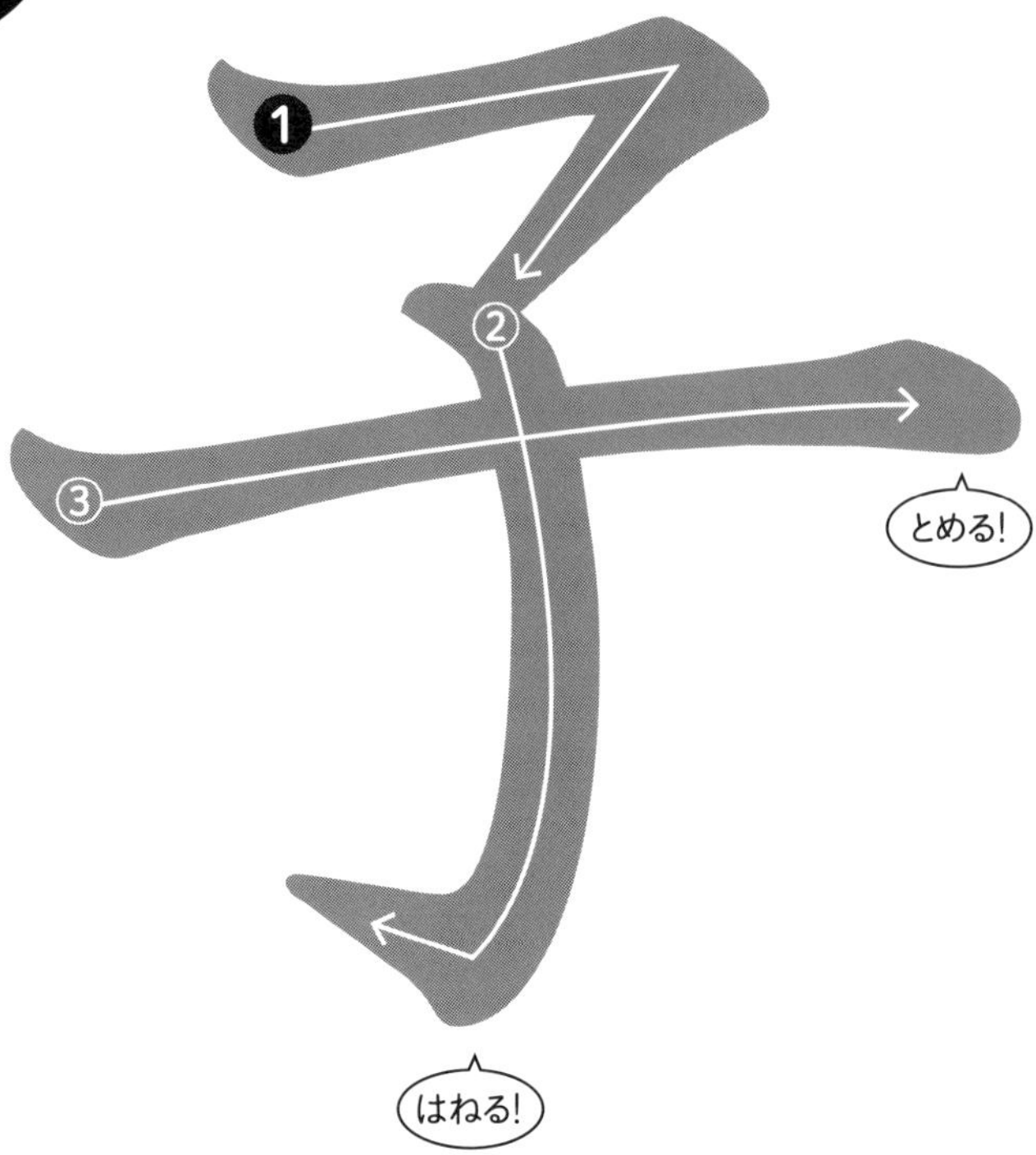

1
2
3
とめる!
はねる!

パパ、だっこ！
お…おもい！
子《こ》どもは、すぐ大《おお》きくなるなあ…。
グッ

1

こえにだして五回よもう

「子」でできることば

男子《だんし》　様子《ようす》

子女《しじょ》　親子《おやこ》

子孫《しそん》　女の子《おんなのこ》

母子《ぼし》　子《こ》ども

子犬《こいぬ》、子猫《こねこ》、子牛《こうし》、子馬《こうま》。どうぶつの子《こ》どもにもつかうね。

お…おもい！
子犬《こいぬ》のころはかるかったのに！
ポチ
2

こえにだしてなぞってみよう

【くんよみ】ち

【おんよみ】セン

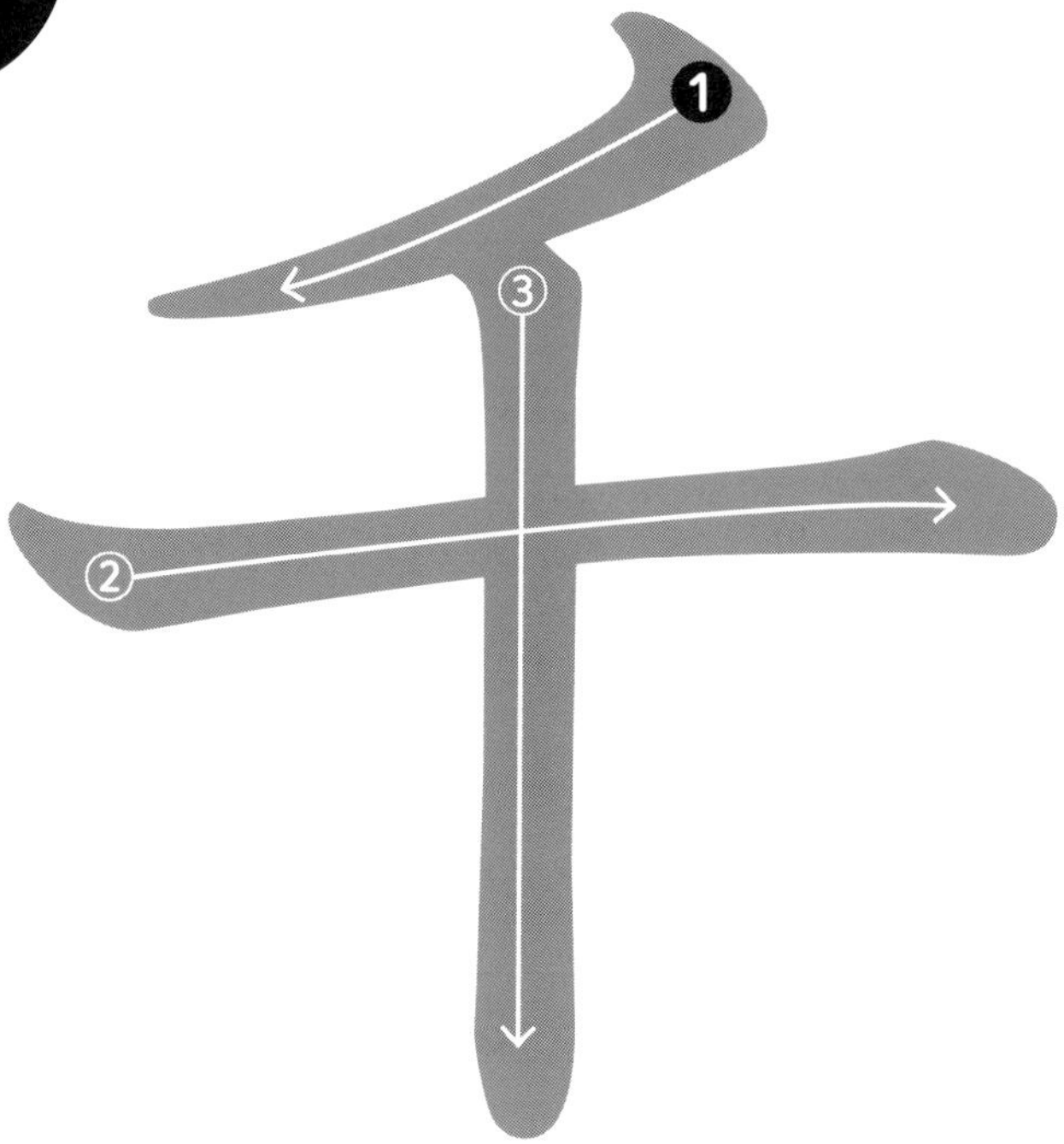
1
2
3

ひろ！おじいちゃんが入院《にゅういん》したから千《せん》ばづるをおって、もっていこう！
1000!!
おるぞう！

1

こえにだして五回よもう

「千」でできることば

千《せん》円《えん》

千《ち》鳥《どり》

千《せん》年《ねん》

千《ち》代《よ》紙《がみ》

一《いっ》千《せん》

千《せん》人《にん》力《りき》

千《ち》草《ぐさ》

千《せん》羽《ば》鶴《づる》

「千金《せんきん》」はたくさんのお金《かね》のことで、「千《せん》」には「たくさん」といういみがあるよ。

これで五十《ごじゅう》!
パパは六十五《ろくじゅうご》!千《せん》までまだまだだね…。

2

こえにだしてなぞってみよう

【くんよみ】つち

【おんよみ】ド、ト

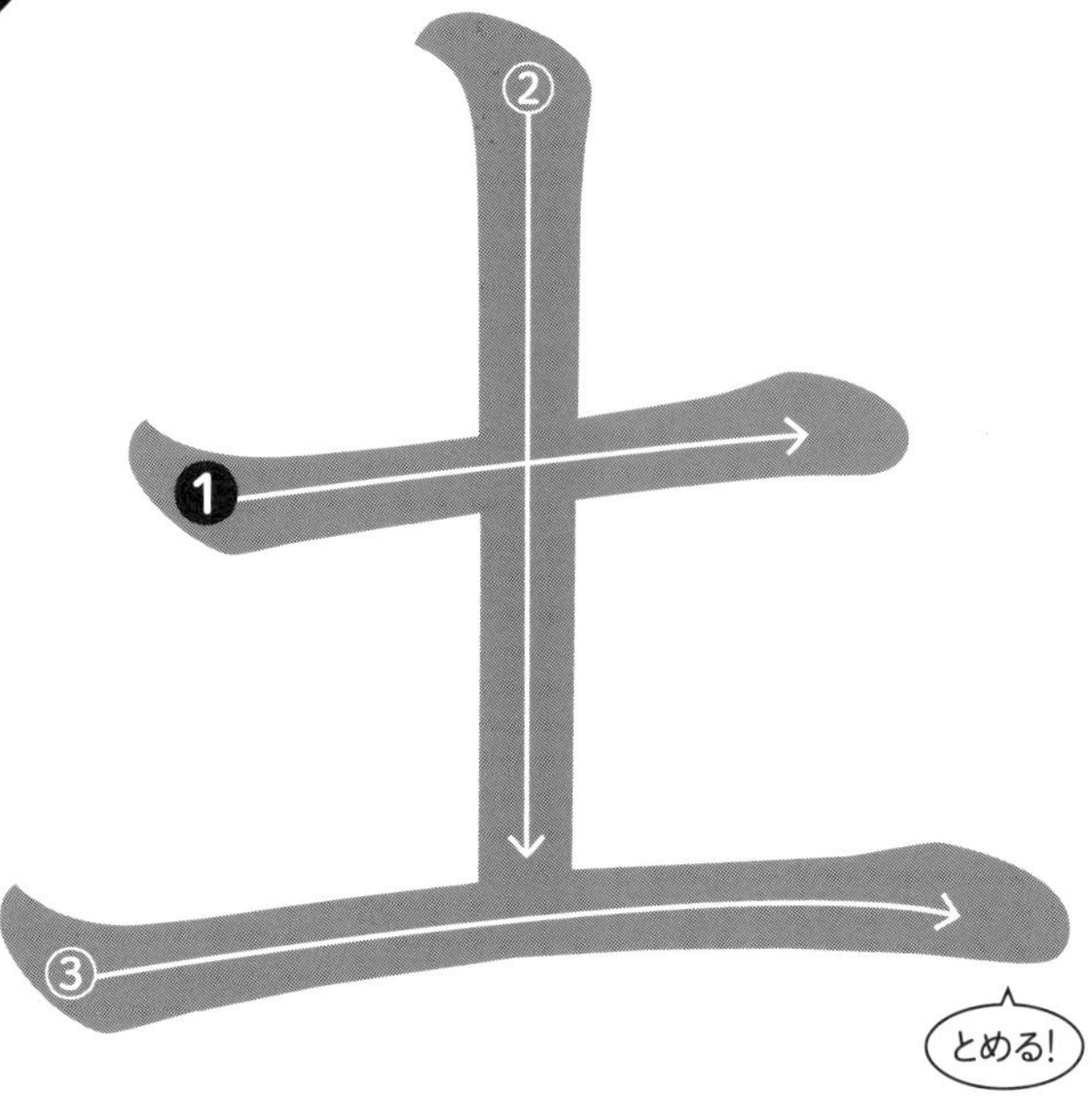

1
2
3
とめる!

土《ど》よう日《び》は学《がっ》校《こう》が休《やす》みだからうれしいなっと…
ピピピ
ポテトチップ
マンガ
1

こえにだして五回よもう

「土」でできることば

土台《どだい》　風土《ふうど》

土手《どて》　赤土《あかつち》

国土《こくど》　土《つち》ぼこり

土地《とち》　ねん土《ど》

上《うえ》のよこぼうをみじかく、下《した》のよこぼうをながくして、どっしりとかこう。

お手《て》つだいをしなさい
やっぱり学校《がっこう》にいったほうがいい…
エーッ
2

こえにだしてなぞってみよう

【くんよみ】した、しも、お・りる、くだ・る、さ・がる

【おんよみ】カ、ゲ

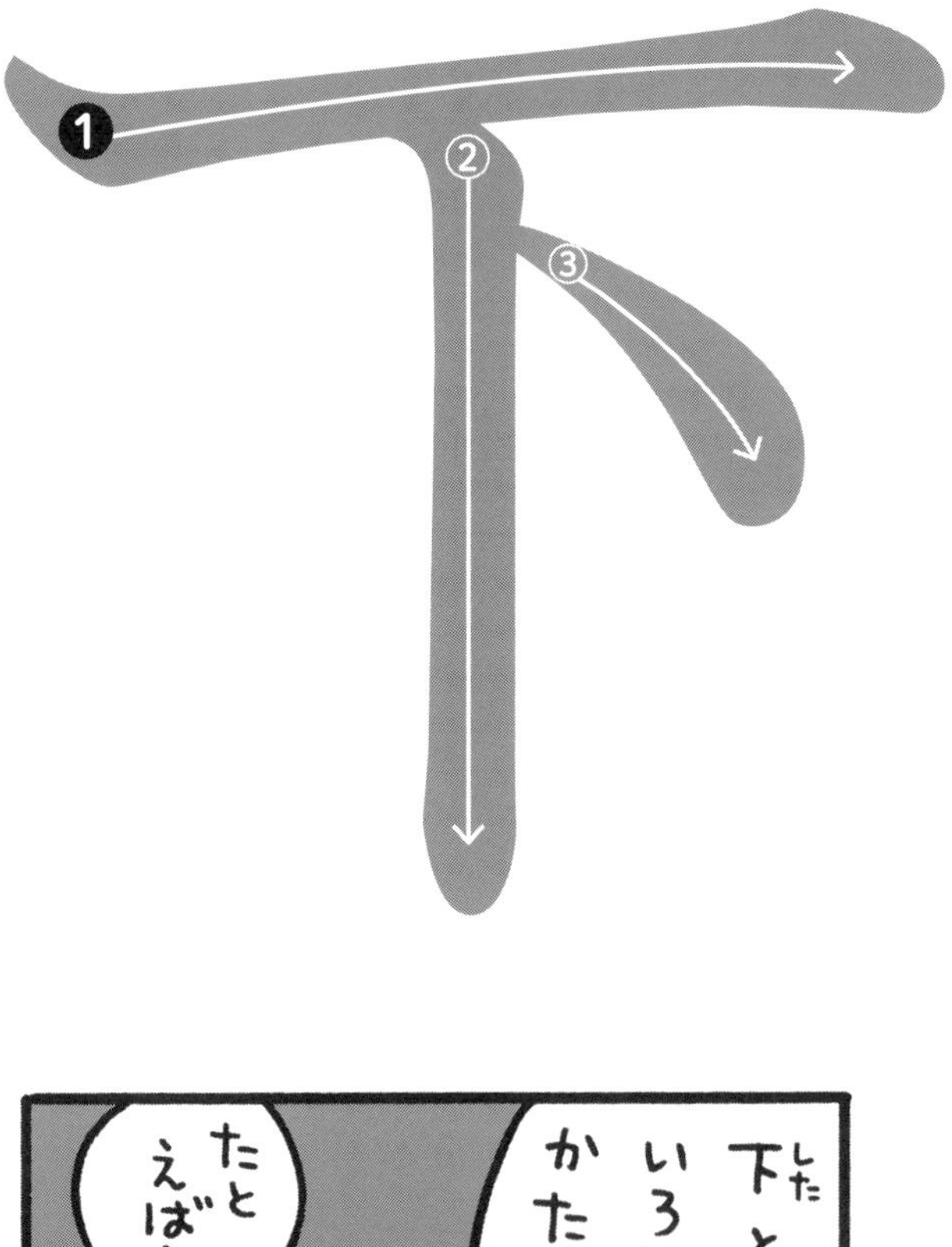

下《した》という字《じ》にはいろいろなよみかたがあります。
たとえば…
1

こえにだして五回よもう

「下」でできることば

下流《かりゅう》
下手《しもて》
天下《てんか》
風下《かざしも》
下水《げすい》
地下鉄《ちかてつ》
下見《したみ》
下《くだ》り坂《ざか》

「下手」は「したて」「しもて」「へた」とよむよ。
「上手《かみて》」のぎゃくのいみだね。

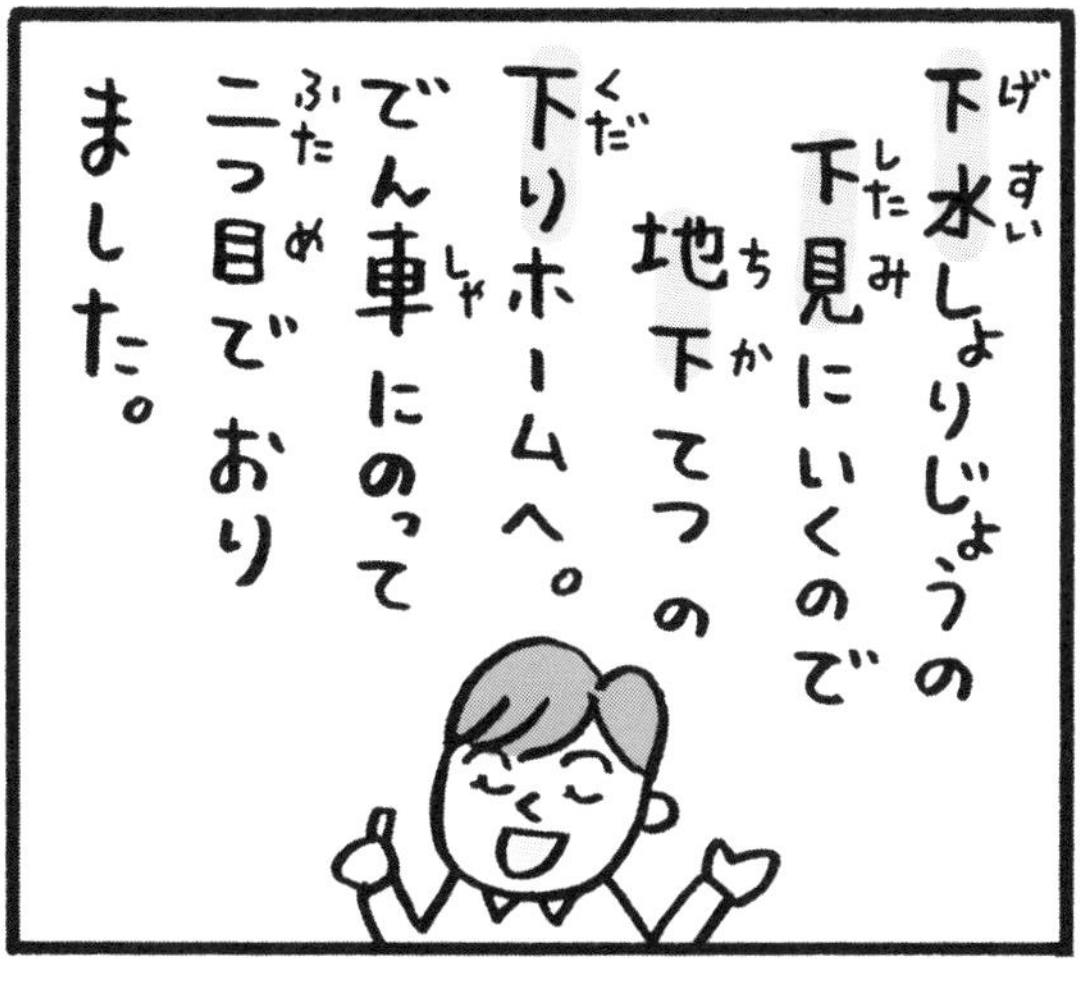

下水《げすい》しょりじょうの
下見《したみ》にいくので
地下《ちか》てつの
下《くだ》りホームへ。
でん車《しゃ》にのって
二《ふた》つ目《め》でおり
ました。

2

【くんよみ】み、みっ・つ

【おんよみ】サン

こえにだしてなぞってみよう

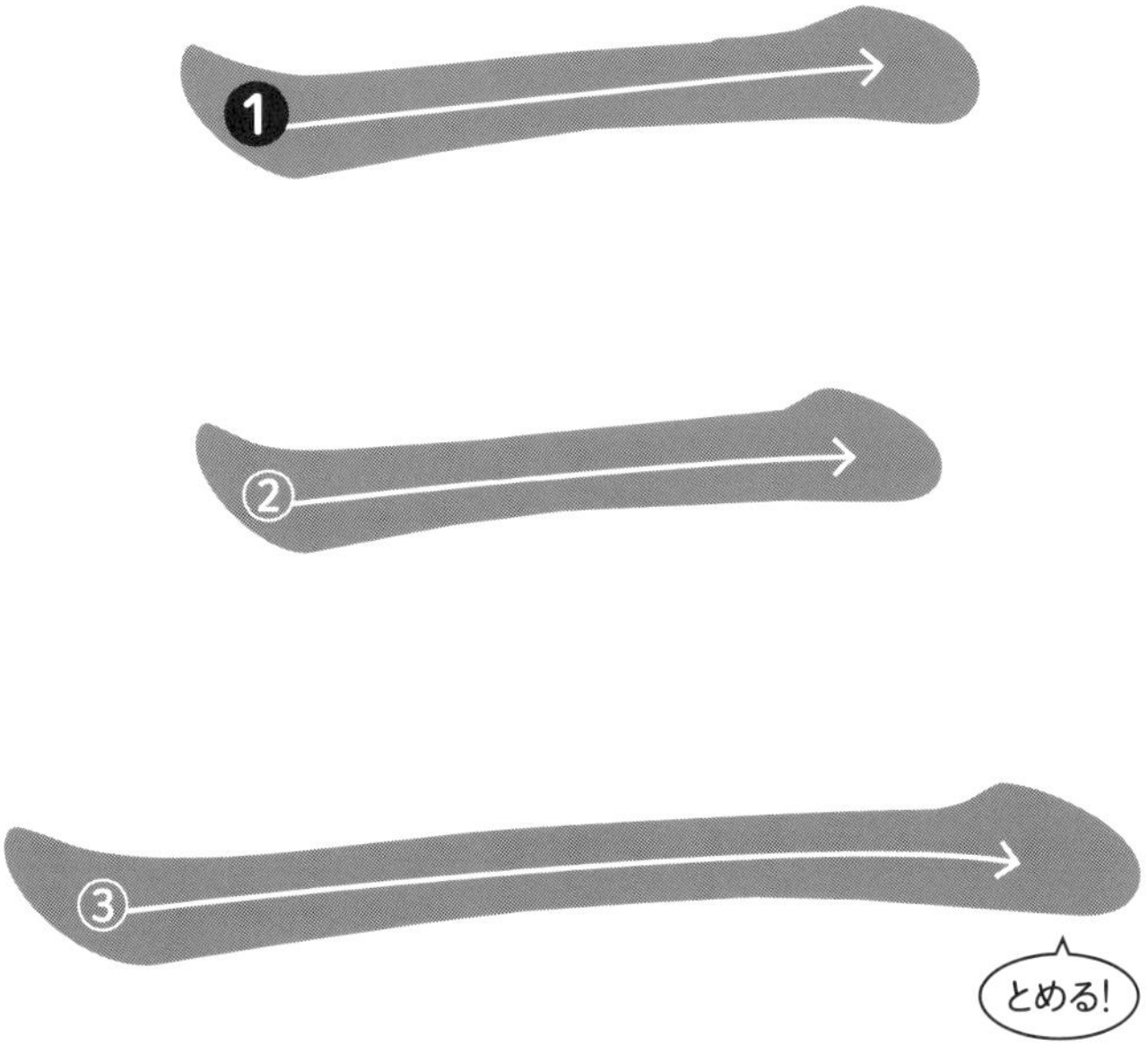

1
2
3
とめる!

ぼくらは 花《はな》田《だ》三《さん》きょうだい♪

1

こえにだして五回よもう

「三」でできることば

三色《さんしょく》　三日《みっか》

三角《さんかく》　三つ子《みつご》

三番《さんばん》　三日月《みかづき》

第三《だいさん》　七五三《しちごさん》

まん中《なか》がいちばんみじかくて、下《した》がいちばんながいよ！

コラム①

漢字《かんじ》はとってもべんり

日本語《にほんご》では漢字《かんじ》がひつよう

小学校《しょうがっこう》に入って、はじめて漢字《かんじ》にであったみんな。

「たくさんあるなぁ」

「むずかしいなぁ」

「おぼえるのがたいへんそうだなぁ」

とおもっているかもしれないね。

むかしむかし、日本《にほん》には「文字《もじ》」がなかったんだ。そこに、中国《ちゅうごく》から漢字《かんじ》が入《はい》ってきたことでことばを文字《もじ》でかくことができるようになり、ひらがなやカタカナができるようになったんだよ。今《いま》、みんながノートをかいたり本をよんだりできるのは、日本《にほん》に漢字《かんじ》が入《はい》ってきたおかげなんだね。

漢字《かんじ》には「おんよみ」「くんよみ」という二《ふた》つのよみかたがあるよ。「おんよみ」は中《ちゅう》国《ごく》のはつおん、「くんよみ」は日本《にほん》のよみかた。漢字《かんじ》には、この二《ふた》とおりのよみかたがあるから、いろいろなことばがひょうげんできるんだね。

漢字《かんじ》は、みんなのせいかつにとって、とてもだいじなものだし、日本人《にほんじん》はもちろん、日《に》本語《ほんご》をつかう人《ひと》にとって、なくてはならないものなんだ。

いみをつたえるのが漢字《かんじ》のやくわり

どうして、漢字《かんじ》をおぼえなくてはならないのだろう。

それは、ひらがな・カタカナ、漢字《かんじ》と、それぞれ役割《やくわり》がちがうからなんだ。

たとえば、ひらがなの「あ」とカタカナの「ア」。これは字《じ》、そのものにはいみがなく、どういう「音《おん》」（よみかた）でよめばいいかをあらわしているんだ。だから、「あ」なら、口《くち》を大《おお》きくあけて、のどをひらいて「あ」とはつおんすればいいね。これは、カタカナの「ア」もおなじだね。

ところが漢字《かんじ》には「いみ」があるんだ。

たとえば、ひらがなの「き」なら、「き」という音《おん》のことだから、「き」とよめばいいけれど、「木《き》」だったら、「ああ、葉《は》がついている木《き》のことだ」と「木《き》」のすがたがうかんでくるだろう。

ひらがなだけでかいた文《ぶん》と、漢字《かんじ》をまじえてかいた文《ぶん》を、見《み》くらべてみよう。

あさおきて、ごはんをたべてはをみがいてからがっこうにいった。

朝起《あさお》きて、ごはんを食《た》べて歯《は》をみがいてから学校《がっこう》に行《い》った。

どっちがよみやすいかな？ 漢字《かんじ》が入《はい》ったほうが、いみがわかりやすいよね。漢字《かんじ》は「いみのまとまり」をあらわすものなんだ。漢字《かんじ》はつたえたいことをわかりやすくするために、ひつようなんだね。

【くんよみ】やま

【おんよみ】サン

こえにだしてなぞってみよう

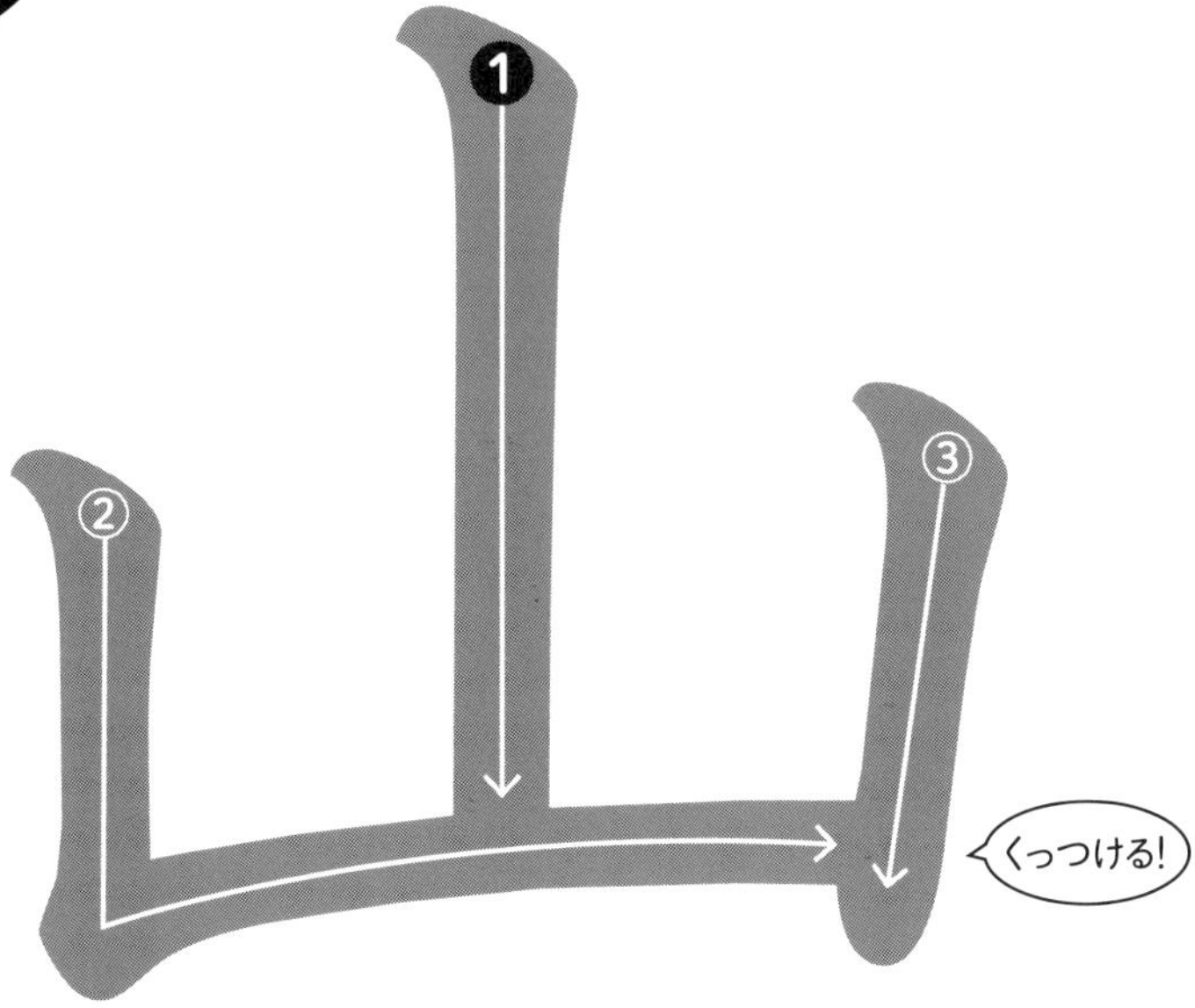

1
2
3
くっつける!

山田《やまだ》さんのいえ
おかわりください

1

こえにだして五回よもう

「山」でできることば

火《か》山《ざん》

山《やま》男《おとこ》

登《と》山《ざん》

雪《ゆき》山《やま》

山《さん》菜《さい》

山《やま》小《ご》屋《や》

山《さん》道《どう》

富《ふ》士《じ》山《さん》

「山《やま》」のつくみょうじはおおいね。ともだちになん人《にん》いるかな？

ハイ！三《さん》ばいめよ
おかあさん、もっと山《やま》もりにして!!
ムムッ

2

【くんよみ】ゆう

【おんよみ】セキ

こえにだしてなぞってみよう

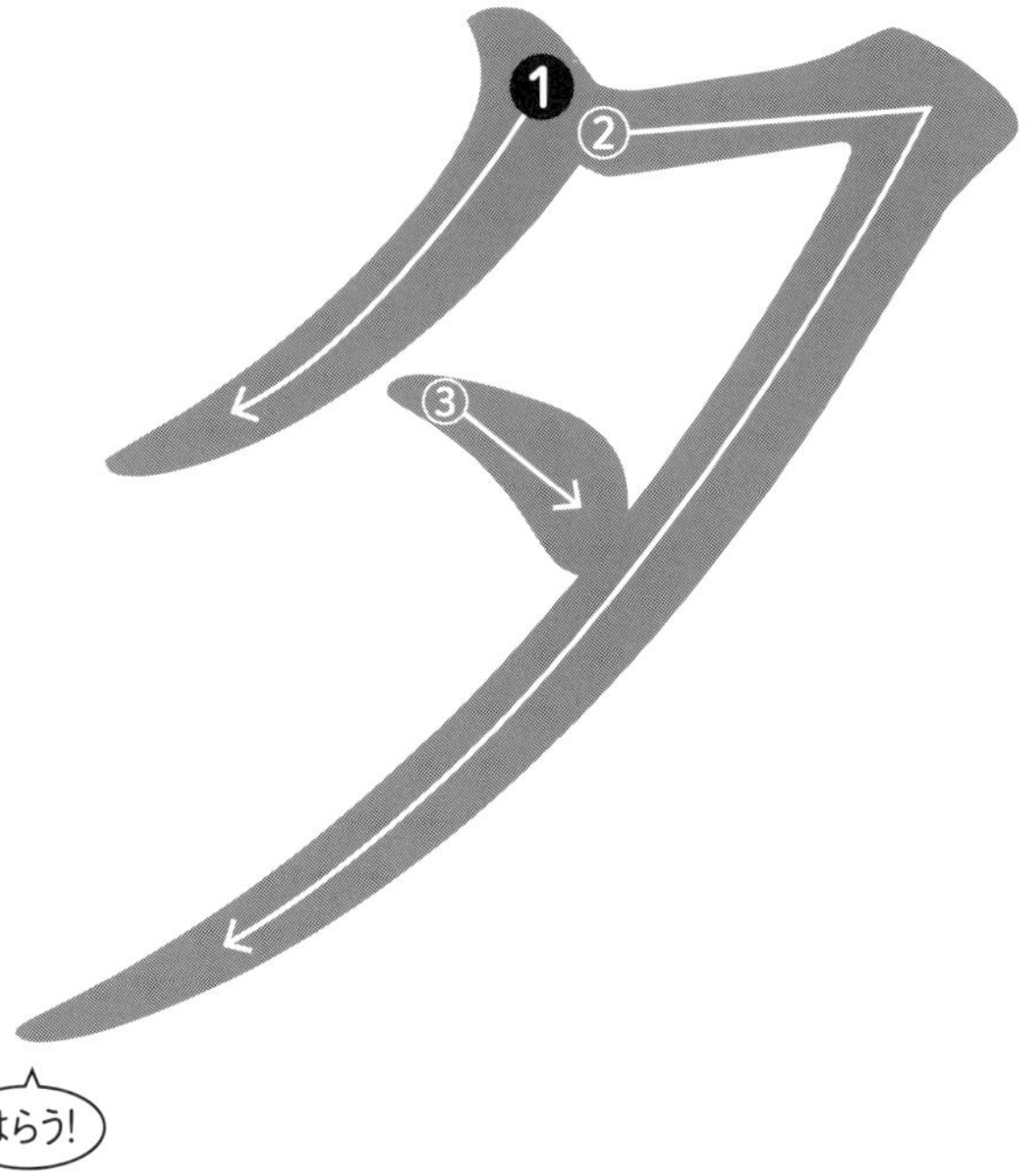

こえにだして五回よもう

「夕」でできることば

夕日《ゆうひ》
夕方《ゆうがた》

夕食《ゆうしょく》
夕焼《ゆうや》け

夕刊《ゆうかん》
夕涼《ゆうすず》み

夕《ゆう》げ
夕暮《ゆうぐ》れ

「夕食《ゆうしょく》」は夜《よる》ごはん、「夜食《やしょく》」は夜《よる》ごはんのあとに食《た》べるものだよ。

あっ″
♪ピンポンパンポーン
五《ご》じになりました！よい子はおうちにかえりましょう！
2

こえにだしてなぞってみよう

【くんよみ】あま

【おんよみ】テン

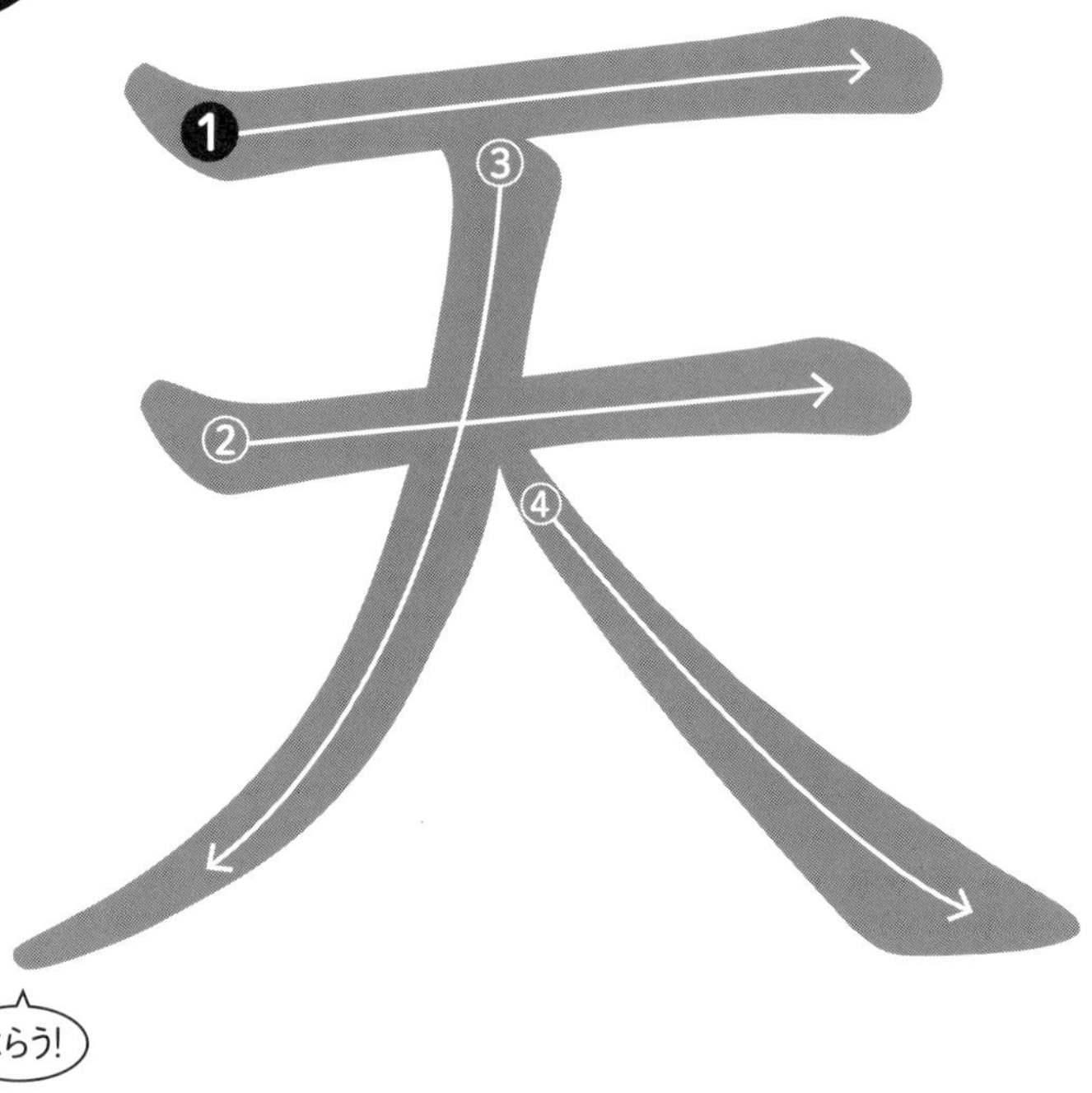
はらう!

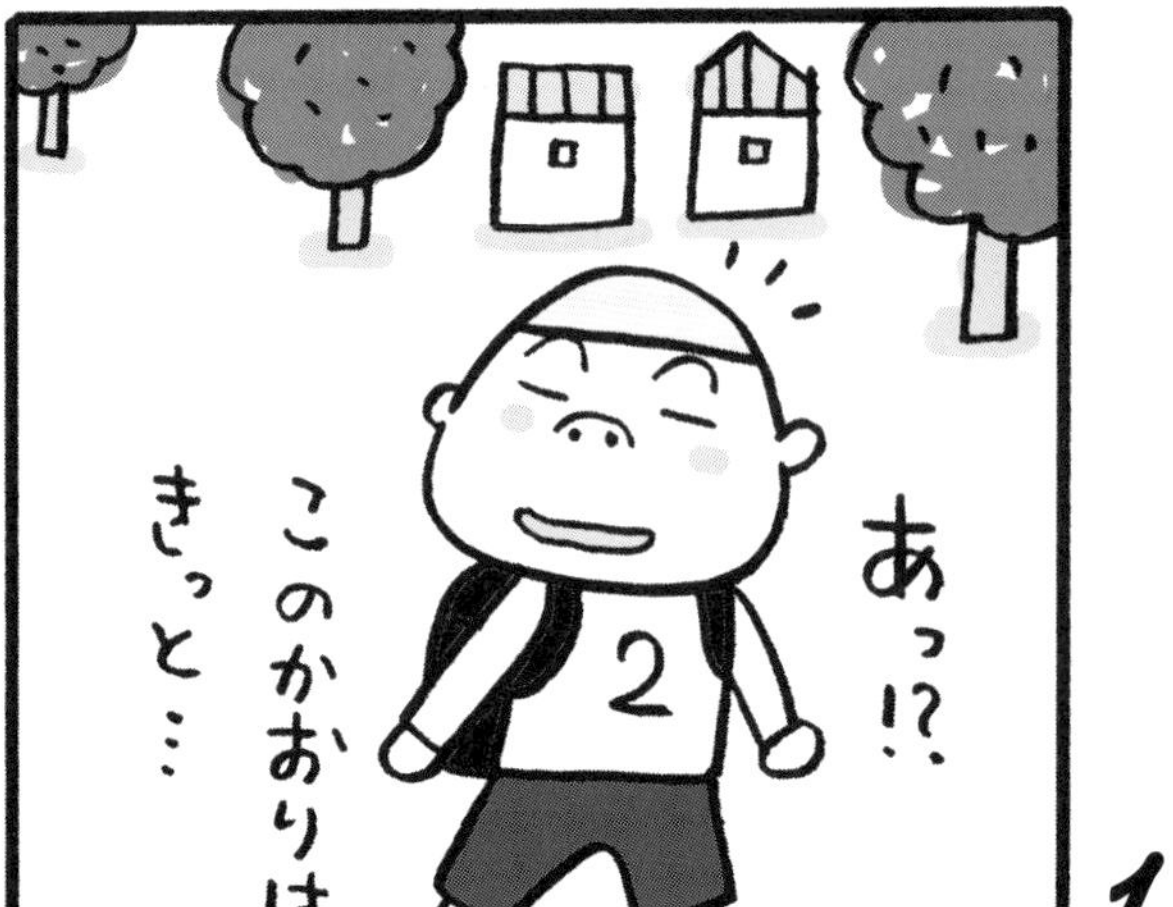
あっ!?、
このかおりは
きっと…
1

こえにだして五回よもう

「天」でできることば

天気《てんき》　雨天《うてん》

天国《てんごく》　天災《てんさい》

天才《てんさい》　天然《てんねん》

晴天《せいてん》　天《あま》の川《がわ》

上《うえ》のよこぼうをながく、下《した》のよこぼうをみじかく、バランスよくかこう。

天《てん》どんや
パンや
やっぱり天《てん》どんだ!!

2

【くんよみ】いつ・つ

【おんよみ】ゴ

こえにだしてなぞってみよう

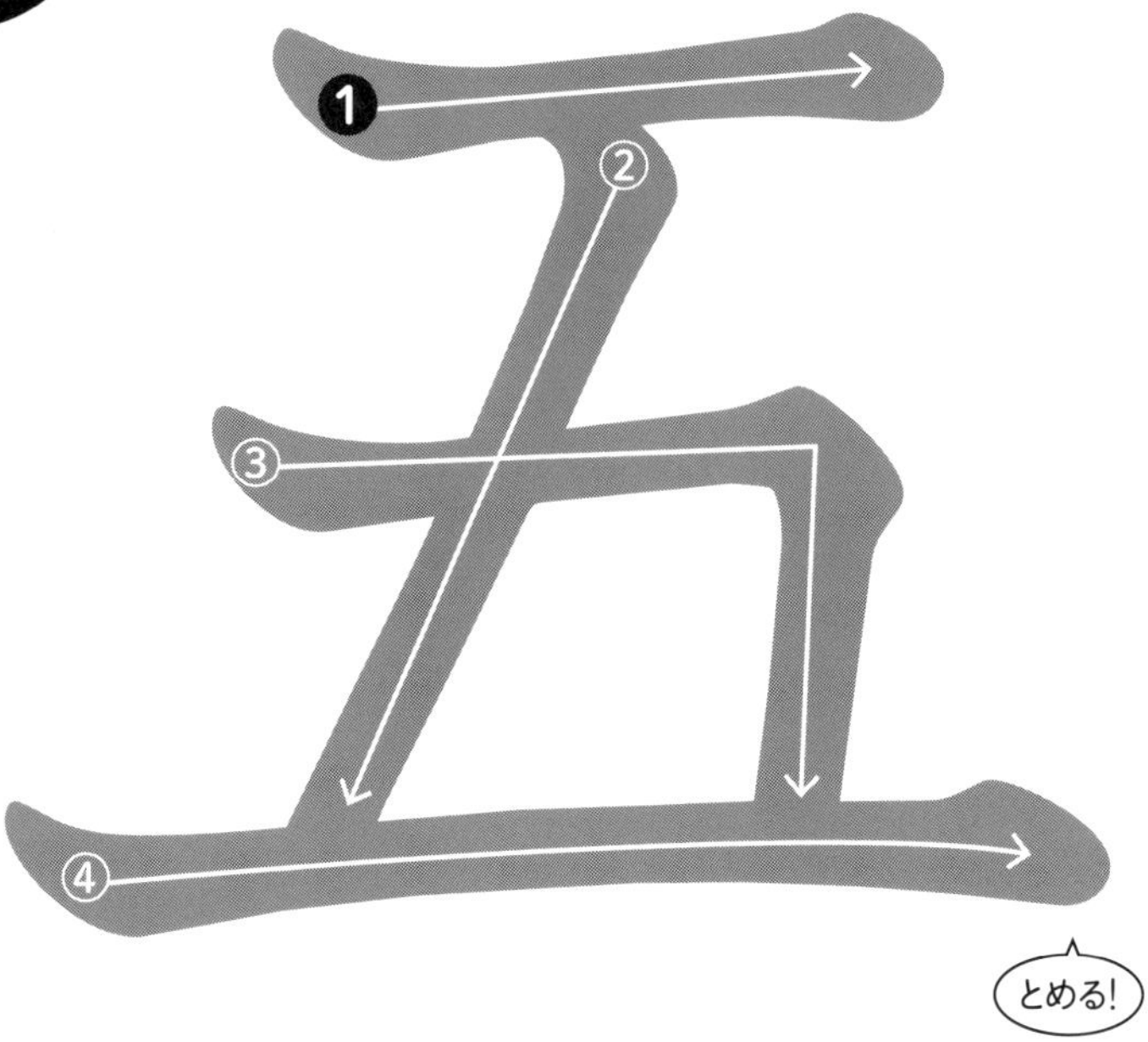
1
2
3
4
とめる!

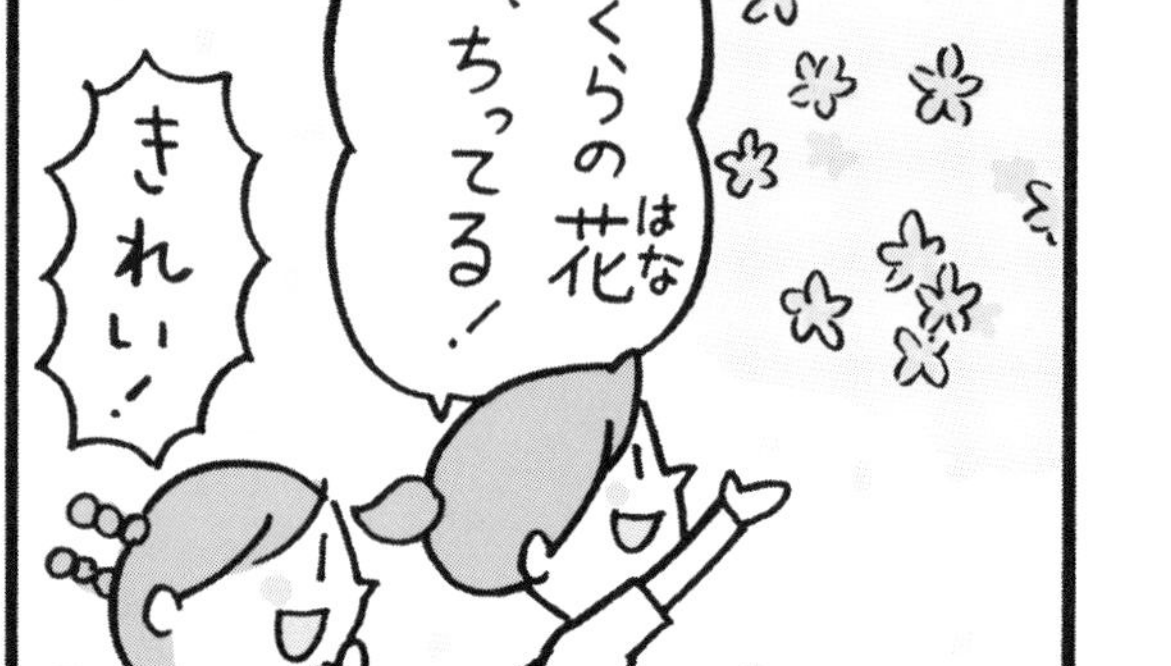
さくらの花《はな》が、ちってる!
きれい!
1

こえにだして五回よもう

「五」でできることば

五《ご》人《にん》　五《いつ》日《か》

五《ご》色《しょく》　五《ご》十《じゅう》音《おん》

五《ご》年《ねん》　十《じゅう》五《ご》夜《や》

五《ご》目《もく》　五《いつ》つ子《ご》

「五月」は「ごがつ」ともよむし、「さつき」ともよむんだよ。

さくらの花《はな》びらって五《ご》まいなのね！
ウットリ♡

2

こえにだしてなぞってみよう

【くんよみ】いぬ

【おんよみ】ケン

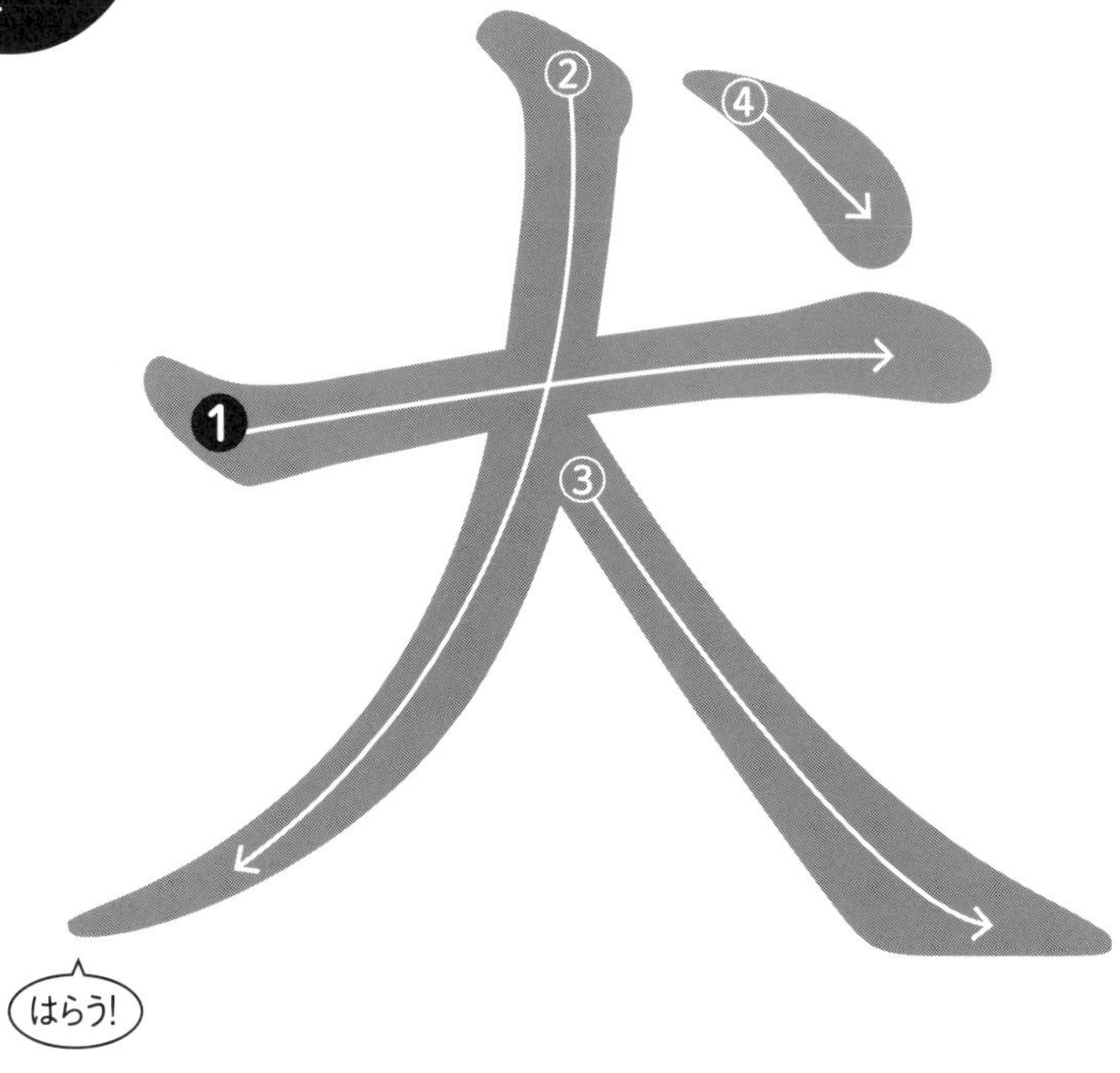

はらう!

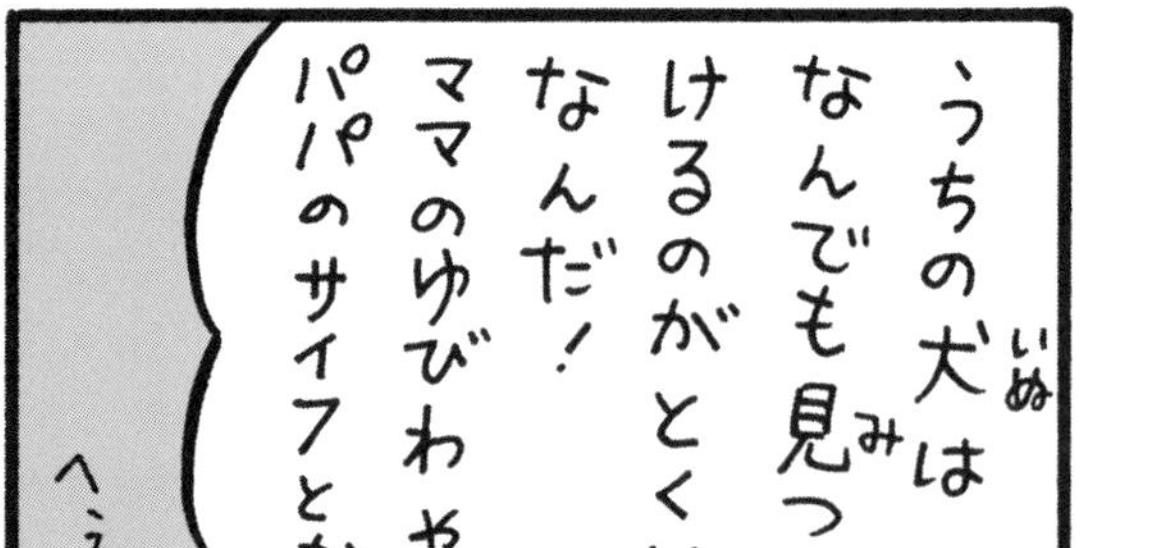

うちの犬《いぬ》はなんでも見《み》つけるのがとくいなんだ!ママのゆびわやパパのサイフとか
へえ!
1

こえにだして五回よもう

「犬」でできることば

番犬《ばんけん》　子犬《こいぬ》

愛犬《あいけん》　小犬《こいぬ》

犬歯《けんし》　負《ま》け犬《いぬ》

野犬《やけん》　犬小屋《いぬごや》

「子犬《こいぬ》」は子《こ》どもの犬《いぬ》、「小犬《こいぬ》」はからだが小《ちい》さい犬《いぬ》のことだよ。

ポッチが見つけたのね！えらいわ！
0てんのテスト、かくしていたのに…
2

こえにだしてなぞってみよう

【くんよみ】

【おんよみ】オウ

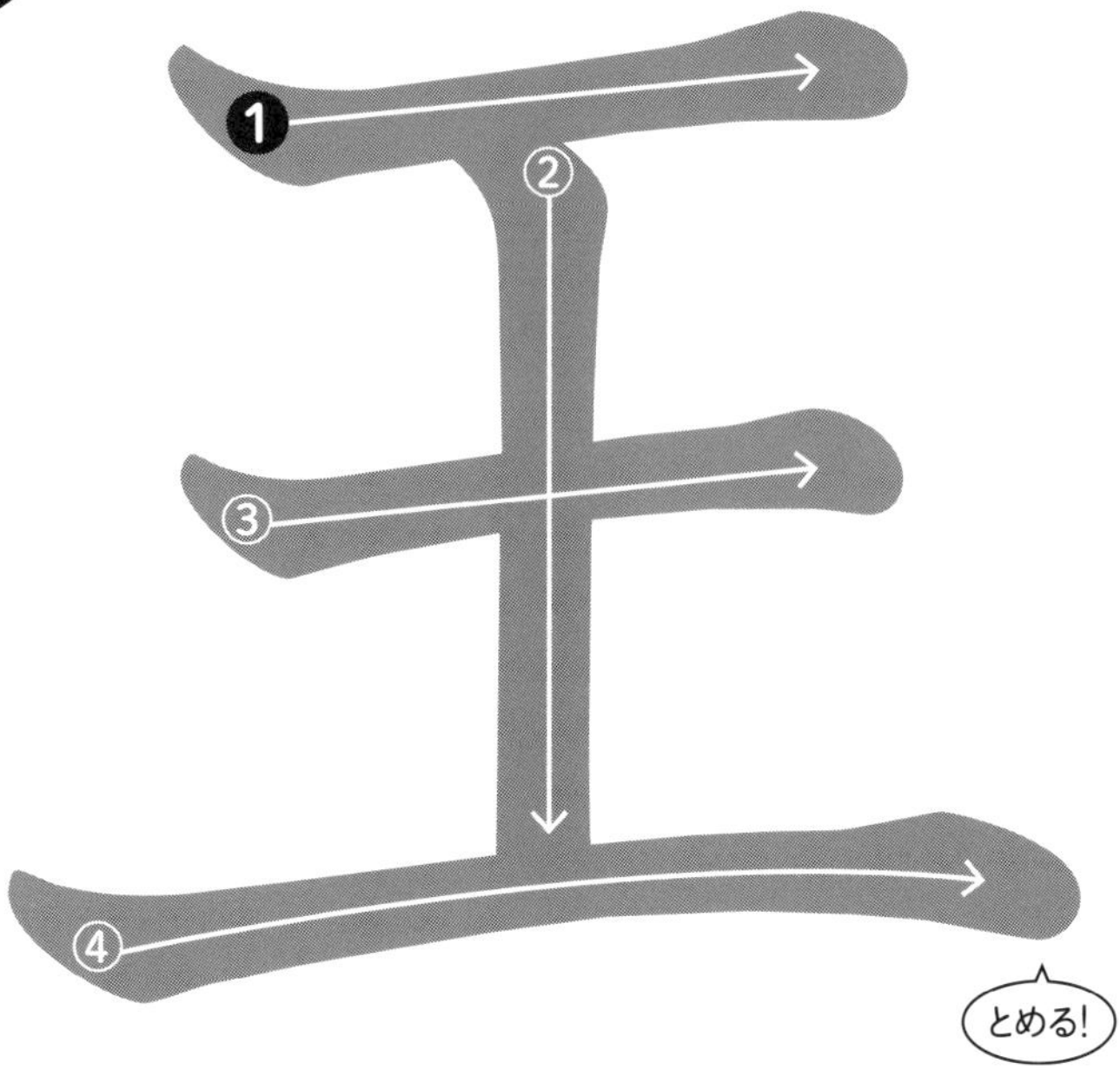

1
2
3
4
とめる!

ガオーッ
どうぶつの王《おう》さまといえばライオン
1

こえにだして五回よもう

「王」でできることば

王手《おうて》　国王《こくおう》

王子《おうじ》　女王《じょおう》

王者《おうじゃ》　王国《おうこく》

王道《おうどう》　発明王《はつめいおう》

「王《おう》」には、「いちばんすぐれている人《ひと》」といういみもあるよ。

クラスの王《おう》さまといえば…山田《やまだ》さんだあ！
おろせぇ！
女王《じょおう》さまとよんでね♡
サッ
2

こえにだしてなぞってみよう

【くんよみ】き、こ

【おんよみ】ボク、モク

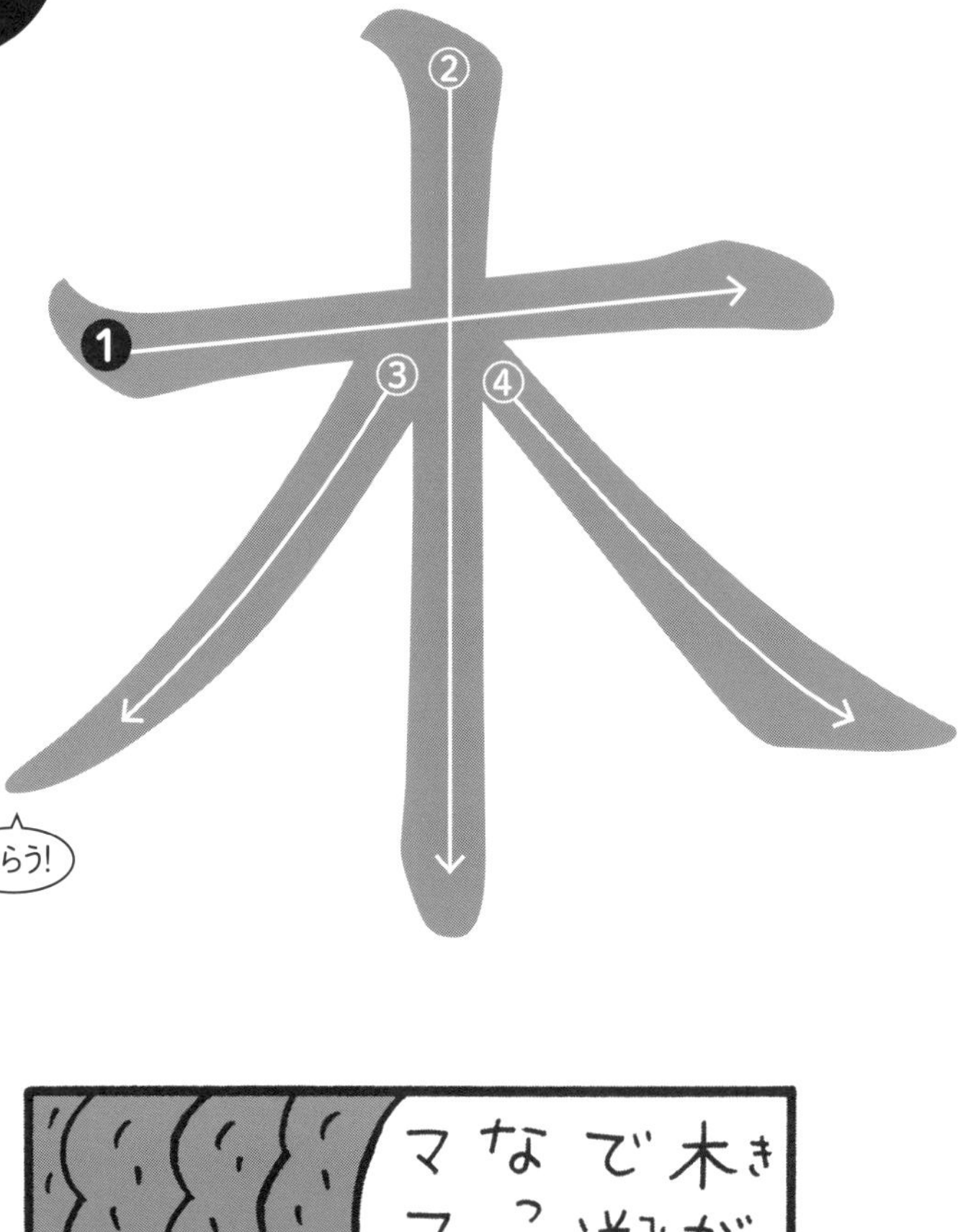

こえにだして五回よもう

「木」でできることば

植木《うえき》　木目《もくめ》

木刀《ぼくとう》　木の実《きのみ》

土木《どぼく》　木曜日《もくようび》

材木《ざいもく》　木の葉《このは》

「林《はやし》」や「森《もり》」、「校《こう》」など、「木《き》」のつく漢字《かんじ》はたくさんあるよ。

2

【くんよみ】つき

【おんよみ】ゲツ、ガツ

こえにだしてなぞってみよう

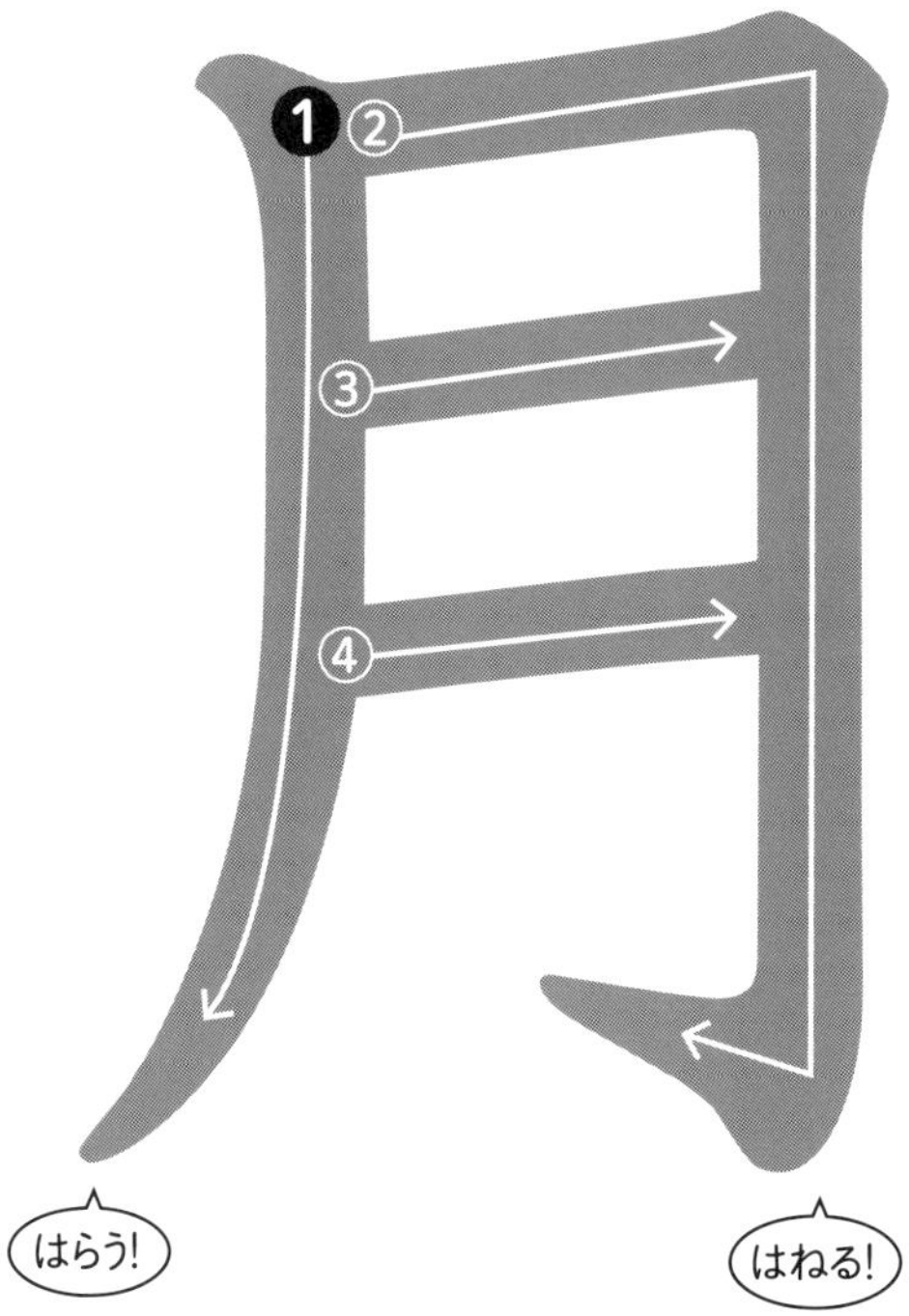

はらう!
はねる!

まん月《げつ》のよる
月《つき》をみてたらおまんじゅうをおもいだした
わたしも
1

こえにだして五回よもう

「月」でできることば

月《げつ》曜《よう》　月《つき》夜《よ》

来《らい》月《げつ》　月《つき》日《ひ》

月《げっ》光《こう》　毎《まい》月《つき》

正《しょう》月《がつ》　月《つき》見《み》草《そう》

月《つき》のかたちは、まいにちちがって見《み》えるから、よく空《そら》を見《み》てみよう。

……
それから、おせんべい、アイス…
ホットケーキ、
みたらしだんご、
たべたあい！

2

【くんよみ】て

【おんよみ】シュ

こえにだしてなぞってみよう

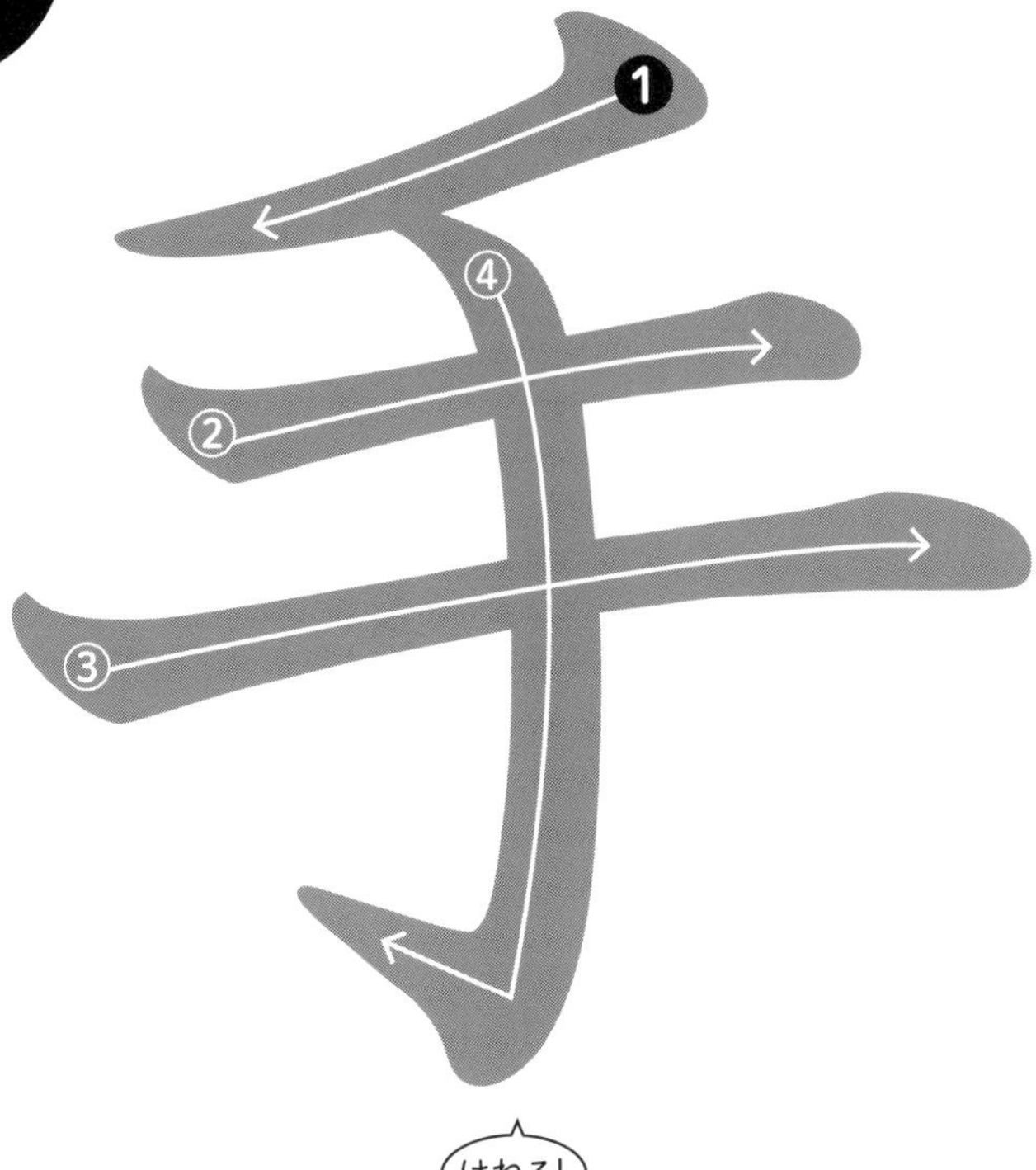

1
2
3
4
はねる!

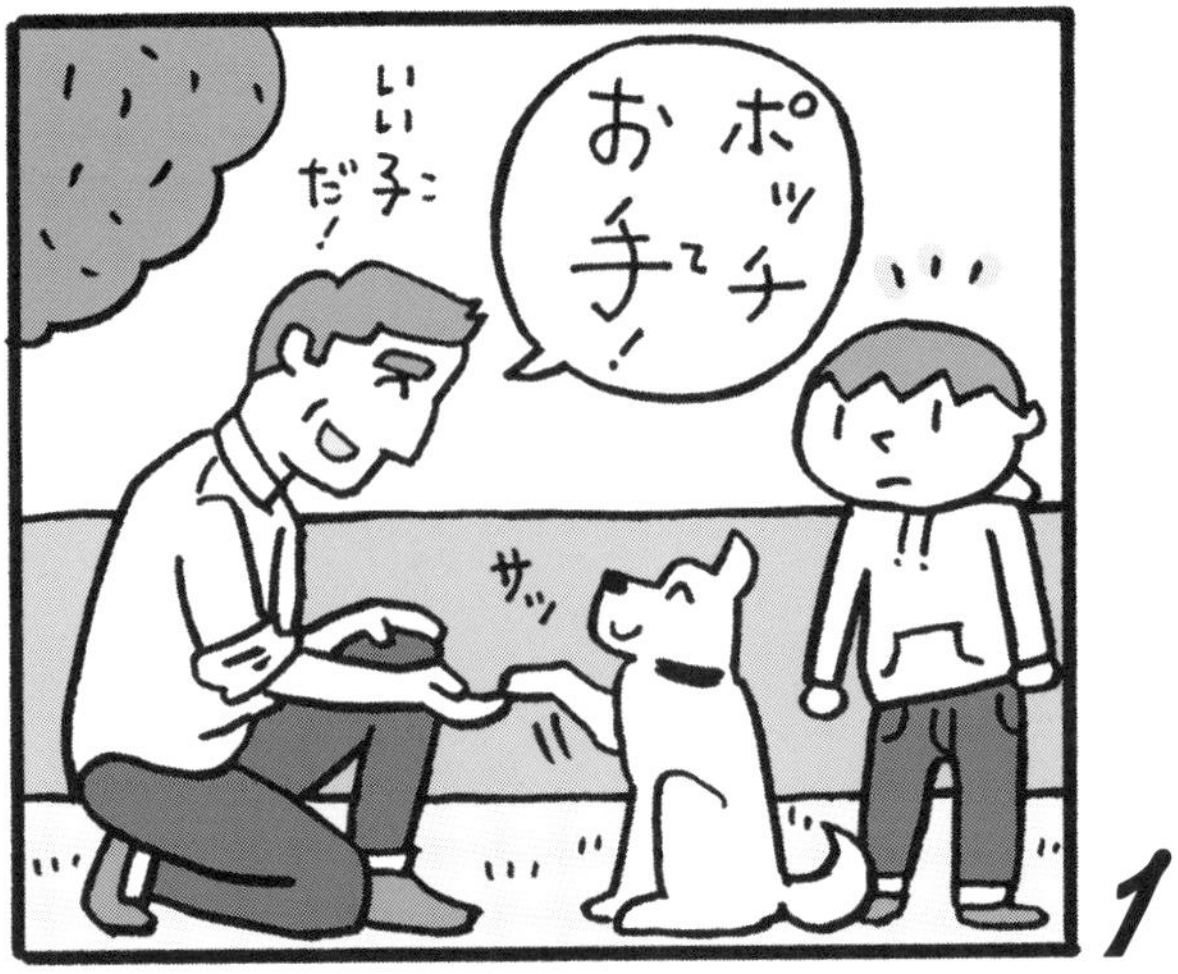

ポッチ お手《て》!
いい子《こ》だ!
サッ
1

こえにだして五回よもう

「手」でできることば

手話《しゅわ》　相手《あいて》

投手《とうしゅ》　入手《にゅうしゅ》

手紙《てがみ》　両手《りょうて》

空手《からて》　手品《てじな》

「うたう人《ひと》」は「歌手《かしゅ》」、「うんてんする人《ひと》」は「うんてん手《しゅ》」というよ。

ポッチお手《て》！
あれ？
さんぽにつれていかないからきらわれているなっ
ハハハッ
フン
2

【くんよみ】なか

【おんよみ】チュウ、ジュウ

こえにだしてなぞってみよう

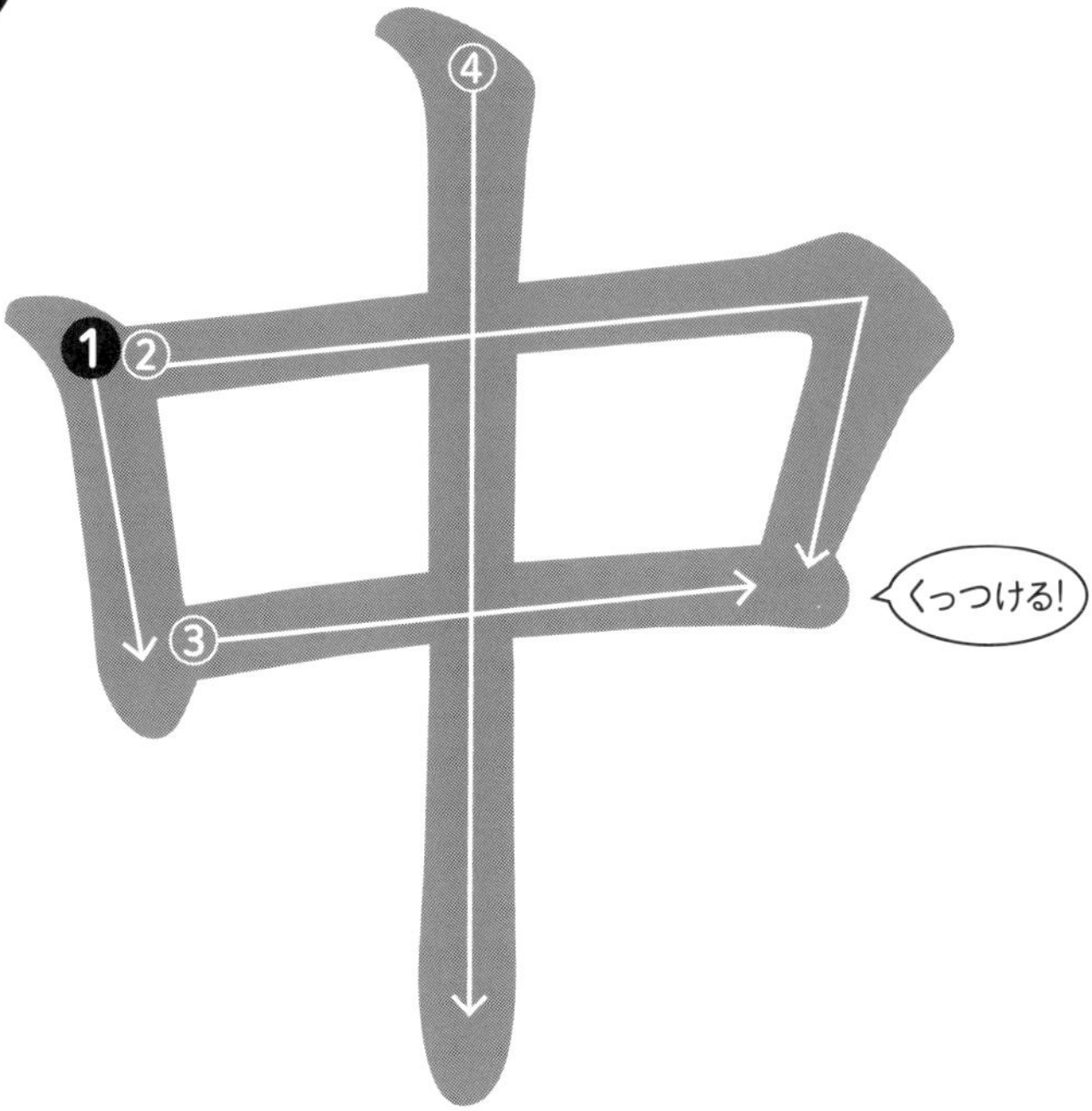
1
2
3
4
くっつける!

きょうはバレンタインデー
いえの中《なか》は
チョコのかおり
でいっぱい
手《て》づくりチョコだ!
1

こえに
だして
五回
よもう

「中」でできることば

中心《ちゅうしん》　中指《なかゆび》

空中《くうちゅう》　夜中《よなか》

中止《ちゅうし》　真《ま》ん中《なか》

家中《いえじゅう》　中学生《ちゅうがくせい》

「中《なか》」は、まんなかでおると左右《さゆう》がかさなるね。
「木」「大」「田」もおなじだね。

ママはパパにむちゅうです。
チョコどうぞ
ありがとう
2

こえにだしてなぞってみよう

【くんよみ】ひ

【おんよみ】カ

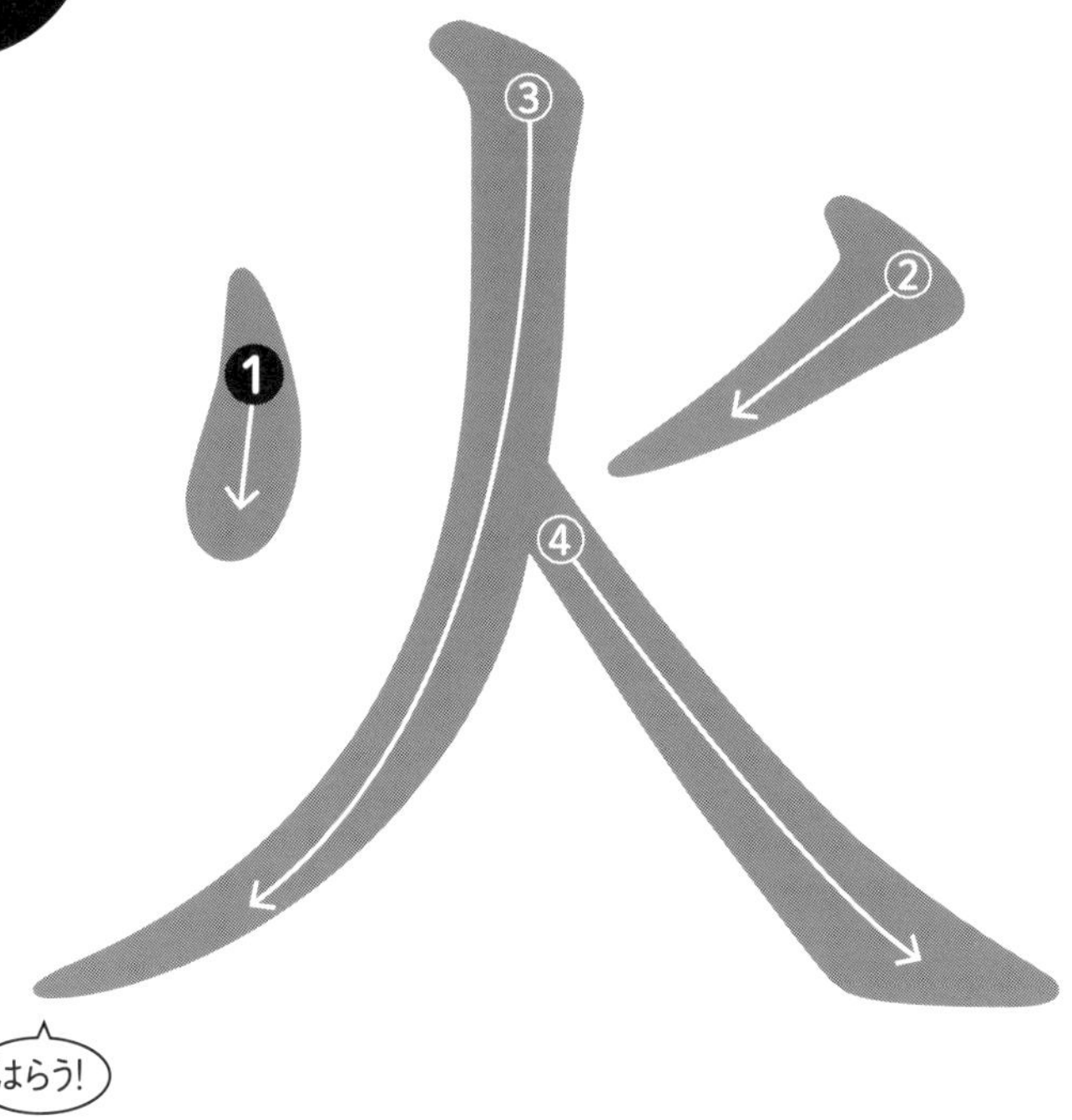

1

こえにだして五回よもう

「火」でできることば

火山《かざん》　口《くち》火《び》

消《しょう》火《か》　点《てん》火《か》

火《か》事《じ》　火《ひ》柱《ばしら》

火《か》力《りょく》　火《か》曜《よう》日《び》

「火《ひ》遊《あそ》び」は、あぶないあそびのことで、いいいみではないよ。

【くんよみ】ひ、か

【おんよみ】ニチ、ジツ

こえにだしてなぞってみよう

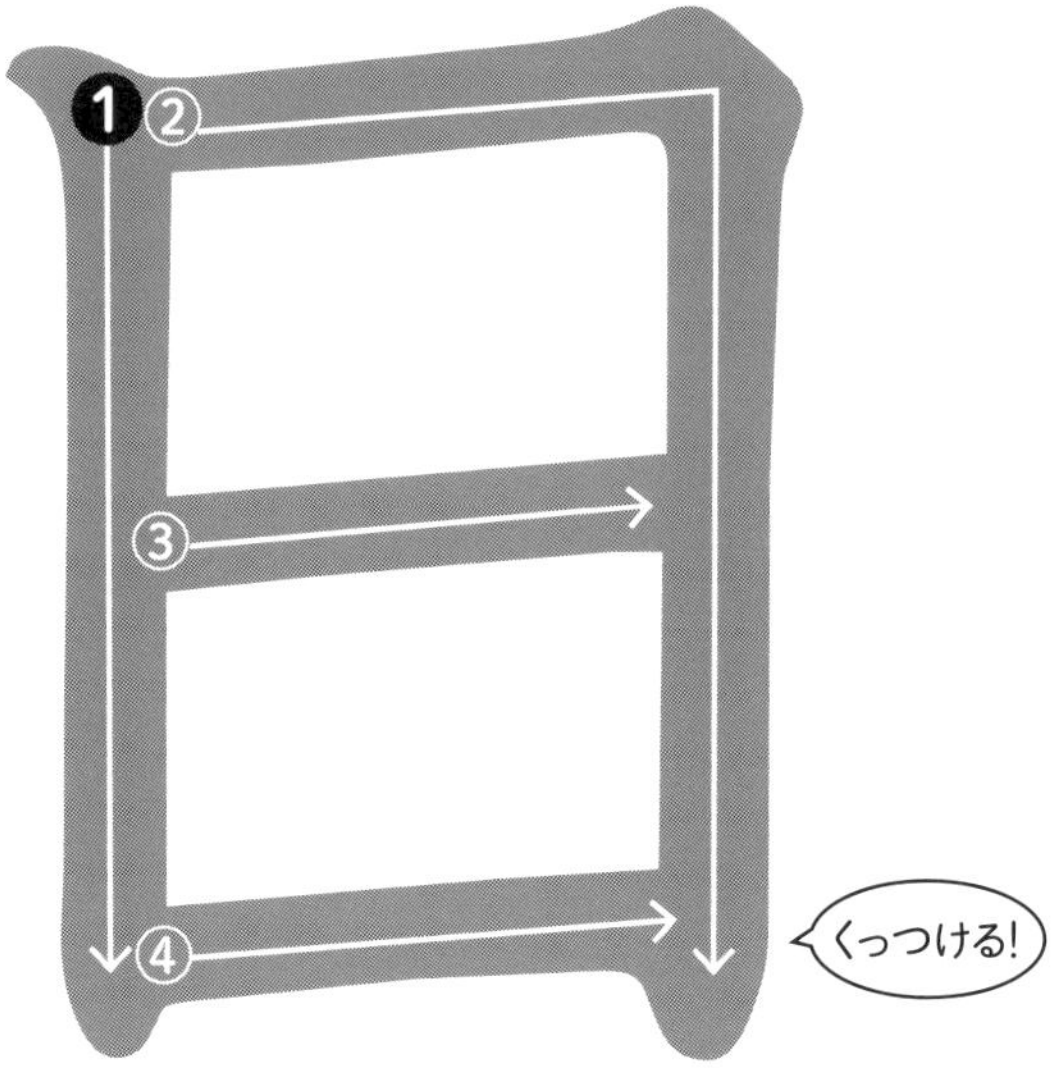

1

こえにだして五回よもう

「日」でできることば

日時《にちじ》　朝日《あさひ》

縁日《えんにち》　日光《にっこう》

休日《きゅうじつ》　二日《ふつか》

元日《がんじつ》　日曜日《にちようび》

「今日《きょう》」「明日《あした》」「明後日《あさって》」はとくべつなよみかただから、おぼえておこう。

日《ひ》かげになっちゃう！
な…なにをおこっているんだよ！
ウ〜

2

【くんよみ】ふみ

【おんよみ】ブン、モン

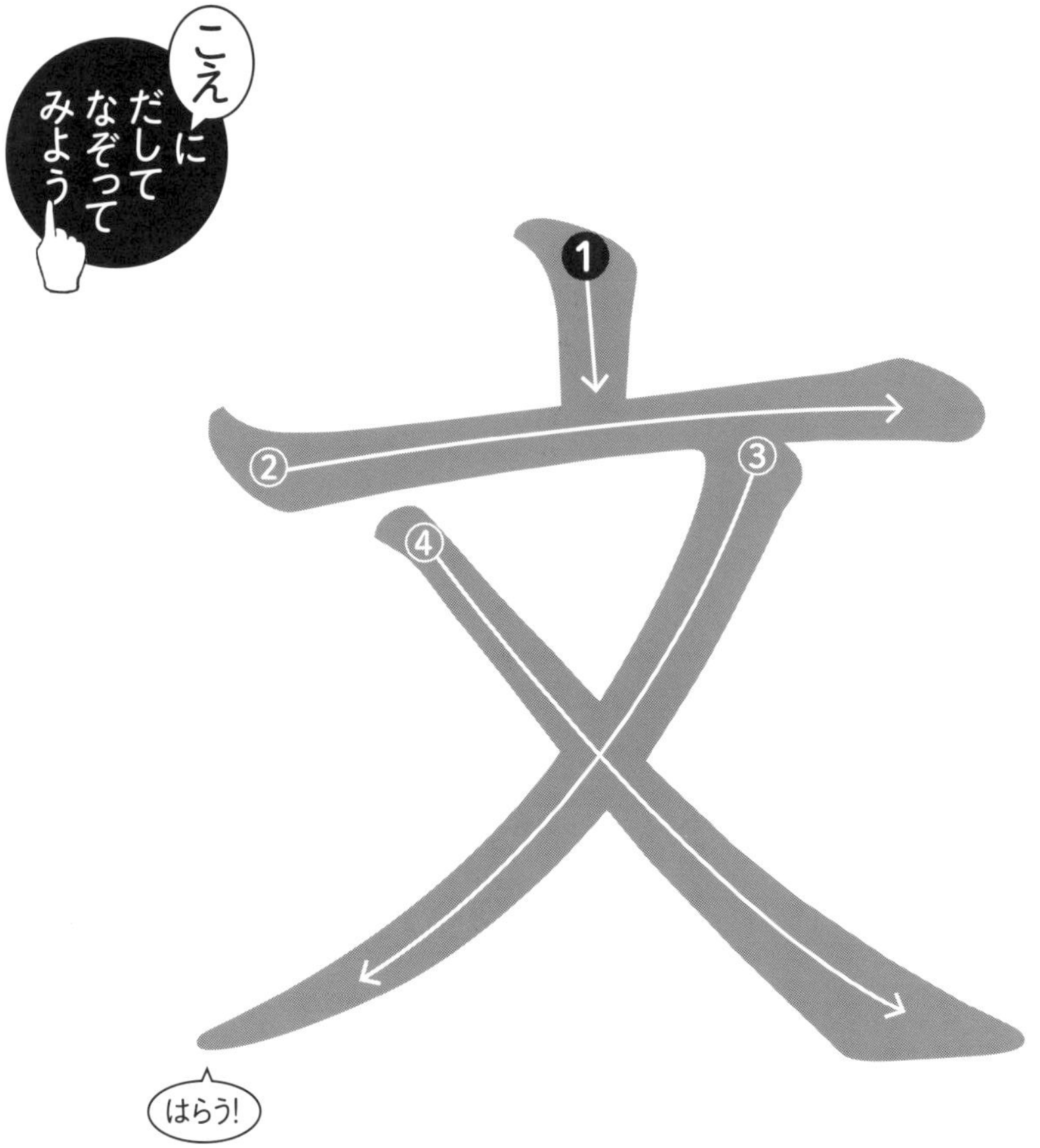

こえにだしてなぞってみよう
1
2
3
4
はらう!

かぞくのことを作文《さくぶん》にしてください。文字《もじ》はていねいにかくように!
ハーイ
1

こえにだして五回よもう

「文」でできることば

文学《ぶんがく》　文月《ふみづき》

文化《ぶんか》　恋文《こいぶみ》

作文《さくぶん》　文様《もんよう》

文集《ぶんしゅう》　文字《もじ》

むかしは、てがみや本《ほん》のことを「文《ふみ》」といったんだよ。

ブー
お父《とう》さんのおならは、
とてもくさいです。
なぜ、おなら？
父《ちち》はよくおならをして母《はは》に…
2

【くんよみ】まる

【おんよみ】エン

こえにだしてなぞってみよう

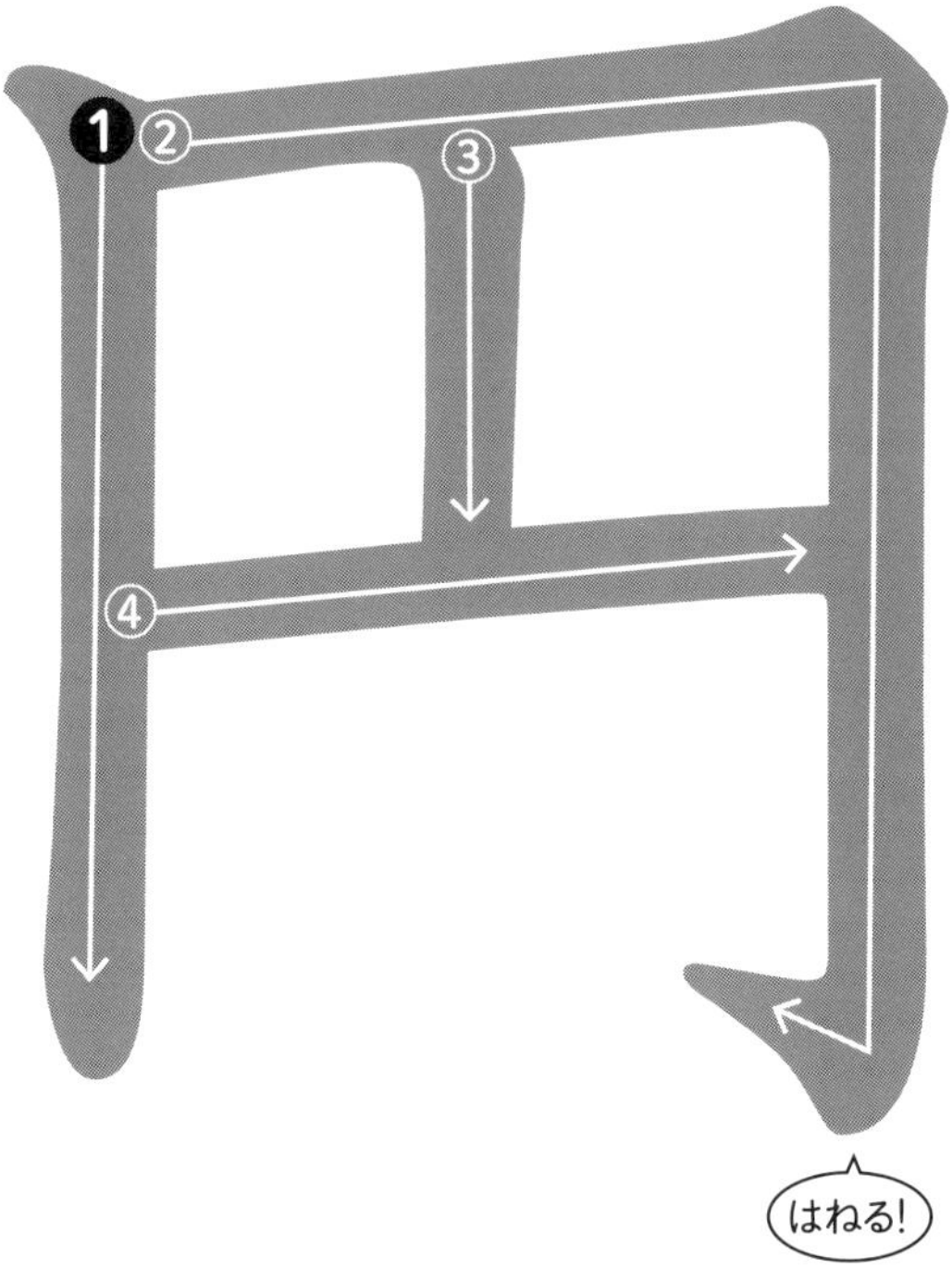

1

こえにだして五回よもう

「円」でできることば

円《えん》形《けい》　円《えん》ばん

百《ひゃく》円《えん》　一《いち》円《えん》玉《だま》

円《えん》満《まん》　円《まる》い窓《まど》

半《はん》円《えん》　日《に》本《ほん》円《えん》

お金《かね》のたんいは国《くに》によってちがうよ。アメリカはドル、中国《ちゅうごく》は元《げん》だ。

これとこれとこれ!
あめ
はい、ちょうど百《ひゃく》円《えん》だよ
2

【くんよみ】みず

【おんよみ】スイ

こえにだしてなぞってみよう

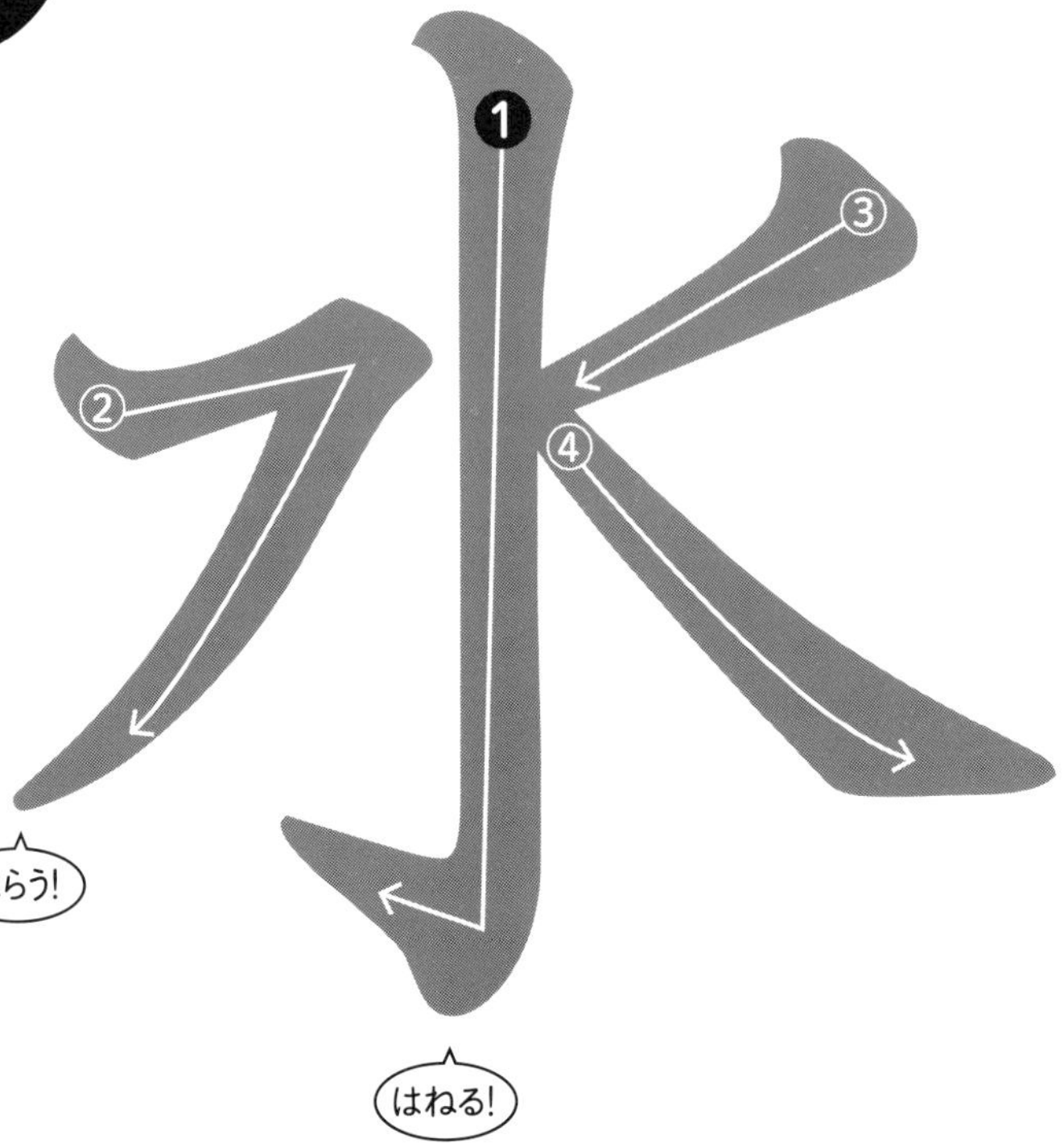

1
2
3
4
はらう!
はねる!

水《すい》えいはにがてだなあ…。
じろう
ゴボゴボ

1

こえにだして五回よもう

「水」でできることば

水《すい》道《どう》

水《すい》曜《よう》

水《すい》分《ぶん》

水《すい》泳《えい》

水《みず》色《いろ》

海《かい》水《すい》

名《めい》水《すい》

地《ち》下《か》水《すい》

「水《みず》」に「、」をつけると「氷《こおり》」になるんだよ。いっしょにおぼえてしまおう！

おなかが…!?
プールの水《みず》をのみすぎちゃった…
じろう
2

こえにだしてなぞってみよう

【くんよみ】む、むっ・つ

【おんよみ】ロク

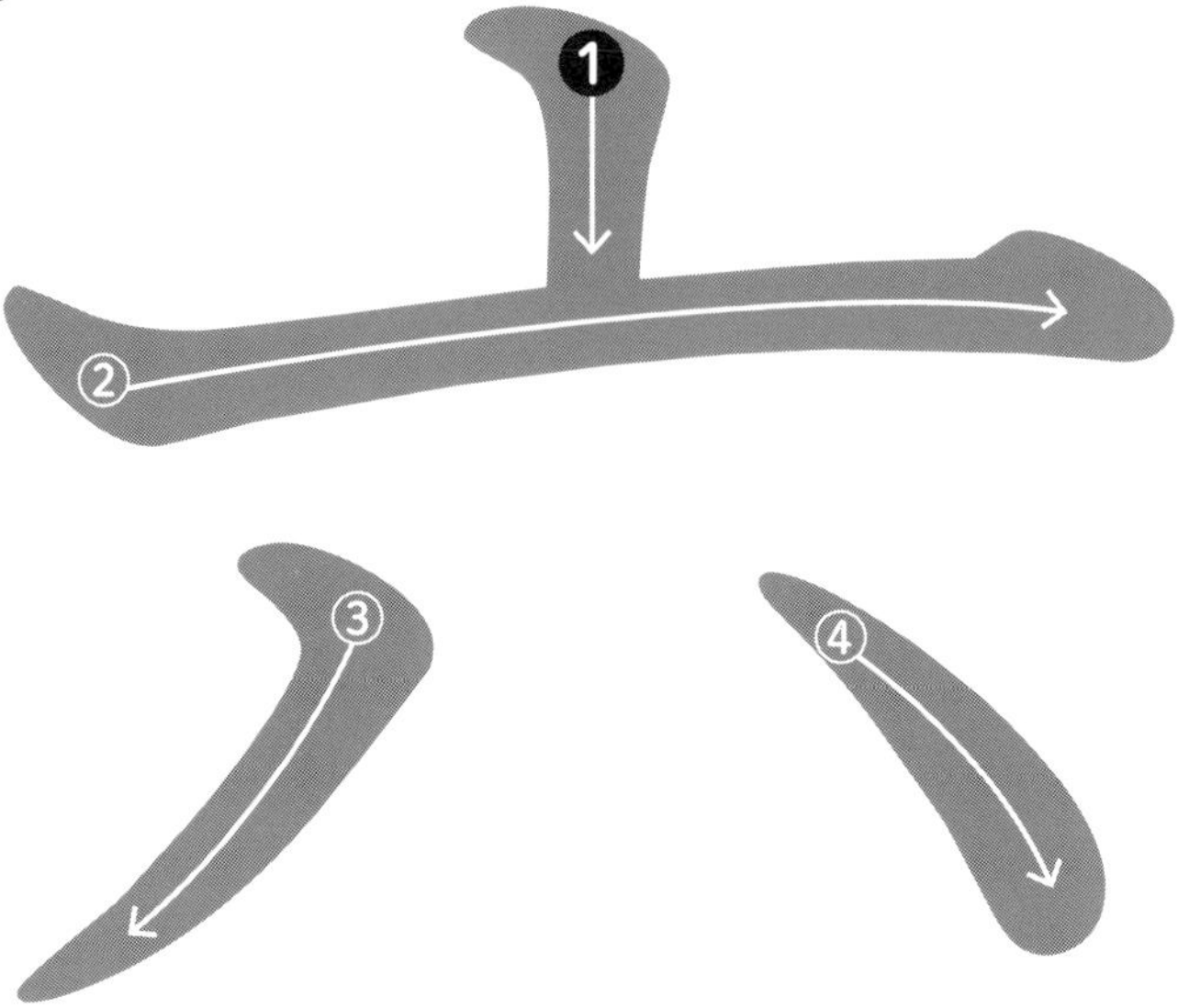
①
②
③
④

六年生《ろくねんせい》のおねえさんだ!
大《おお》きいね

1

こえにだして五回《ごかい》よもう

「六」でできることば

六《ろっ》回《かい》　六《ろっ》角《かく》形《けい》

六《ろく》月《がつ》　第《だい》六《ろっ》感《かん》

六《むい》日《か》　六《ろっ》本《ぽん》木《ぎ》

双《すご》六《ろく》　六《む》つ子《ご》

しょうがっこうは六年《ろくねん》かん！　いろんなことにちょうせんしよう！

こんにちは一年生《いちねんせい》ねかわいい♡
ハーイ♡
なんでもきいてね！

2

こえにだしてなぞってみよう

【くんよみ】い・きる、う・まれる、は・える、なま

【おんよみ】セイ、ショウ

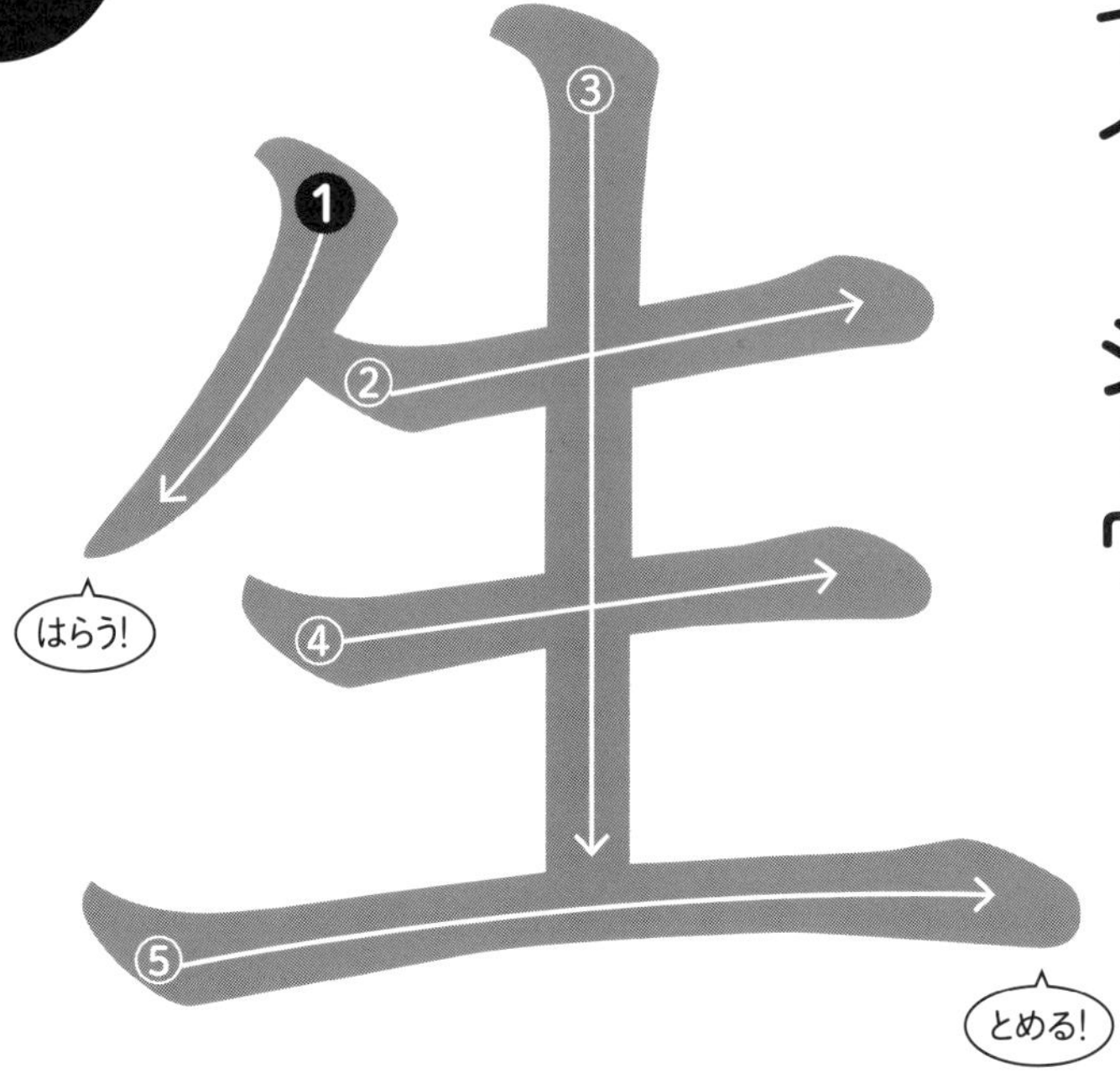

①
②
③
④
⑤
はらう!
とめる!

おじいちゃんぐあいはどう?。
もうへいきじゃ 生《う》まれてはじめて入院《にゅういん》したよ、ハハハ
1

こえにだして五回よもう

「生」でできることば

生命《せいめい》　一生《いっしょう》

学生《がくせい》　生《い》け花《ばな》

生活《せいかつ》　生《い》き物《もの》

生徒《せいと》　長《なが》生《い》き

みんなが生《う》まれたときのこと、おうちの人《ひと》にきいてみよう！

長《なが》生《い》きしてね！
やさしい子《こ》じゃなあ…ありがとう
2

こえにだしてなぞってみよう

【くんよみ】いし

【おんよみ】セキ、シャク

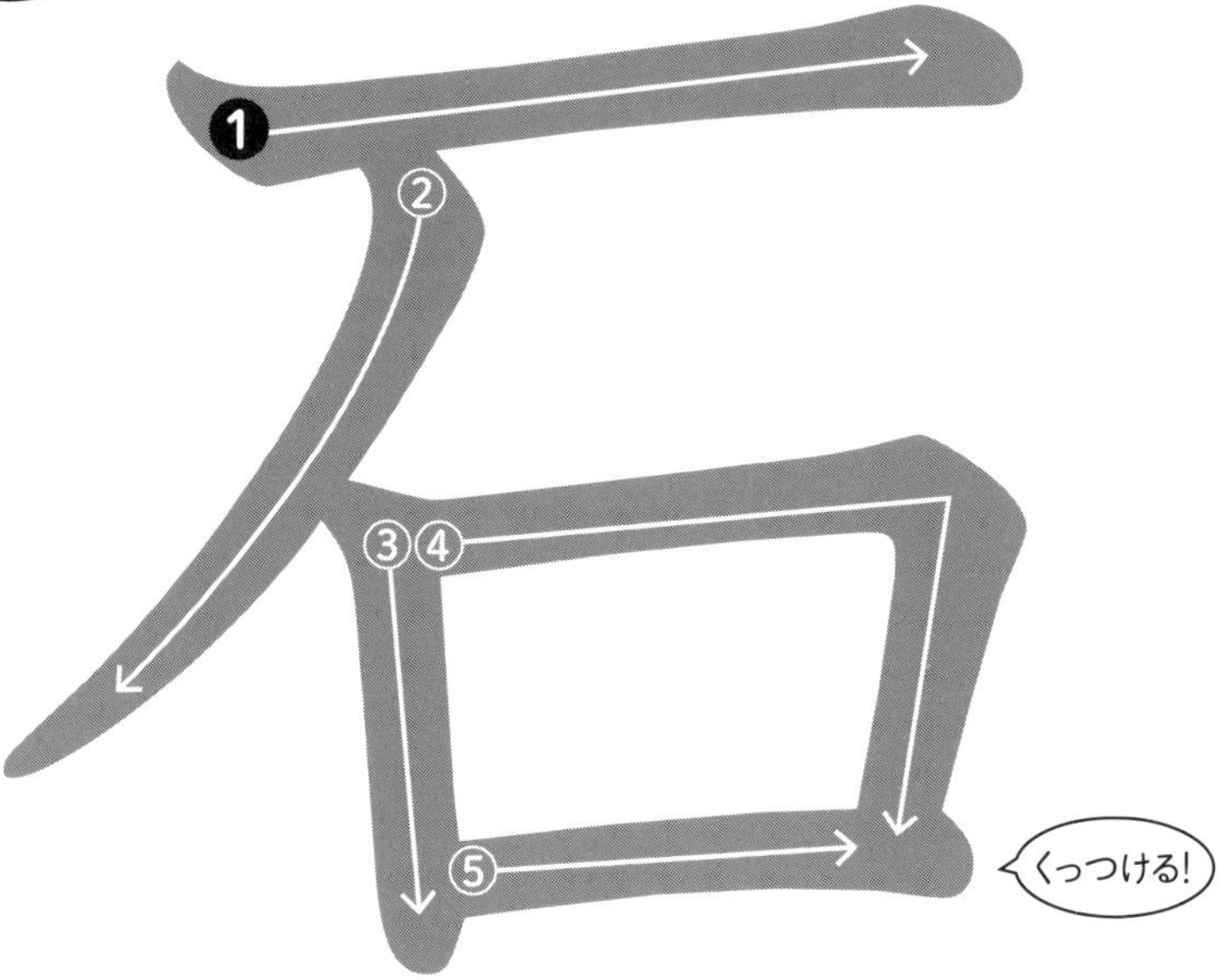
くっつける!

七五三《しちごさん》のおまいり
に、じんじゃに
いきました。
七《なな》さいです
ちとせあめ
1

こえに
だして
五回
よもう

「石」でできることば

石《いし》頭《あたま》
宝《ほう》石《せき》
化《か》石《せき》
石《せっ》器《き》
小《こ》石《いし》
岩《がん》石《せき》
墓《はか》石《いし》
磁《じ》石《しゃく》

むかしはお米《こめ》のりょうをはかるのに、「一石《いっこく》」「十石《じっこく》」とかぞえたんだよ。

じんじゃはこの上《うえ》よ
この石《いし》だんをのぼるの?

2

こえにだしてなぞってみよう

【くんよみ】しら、しろ、しろ・い

【おんよみ】ハク

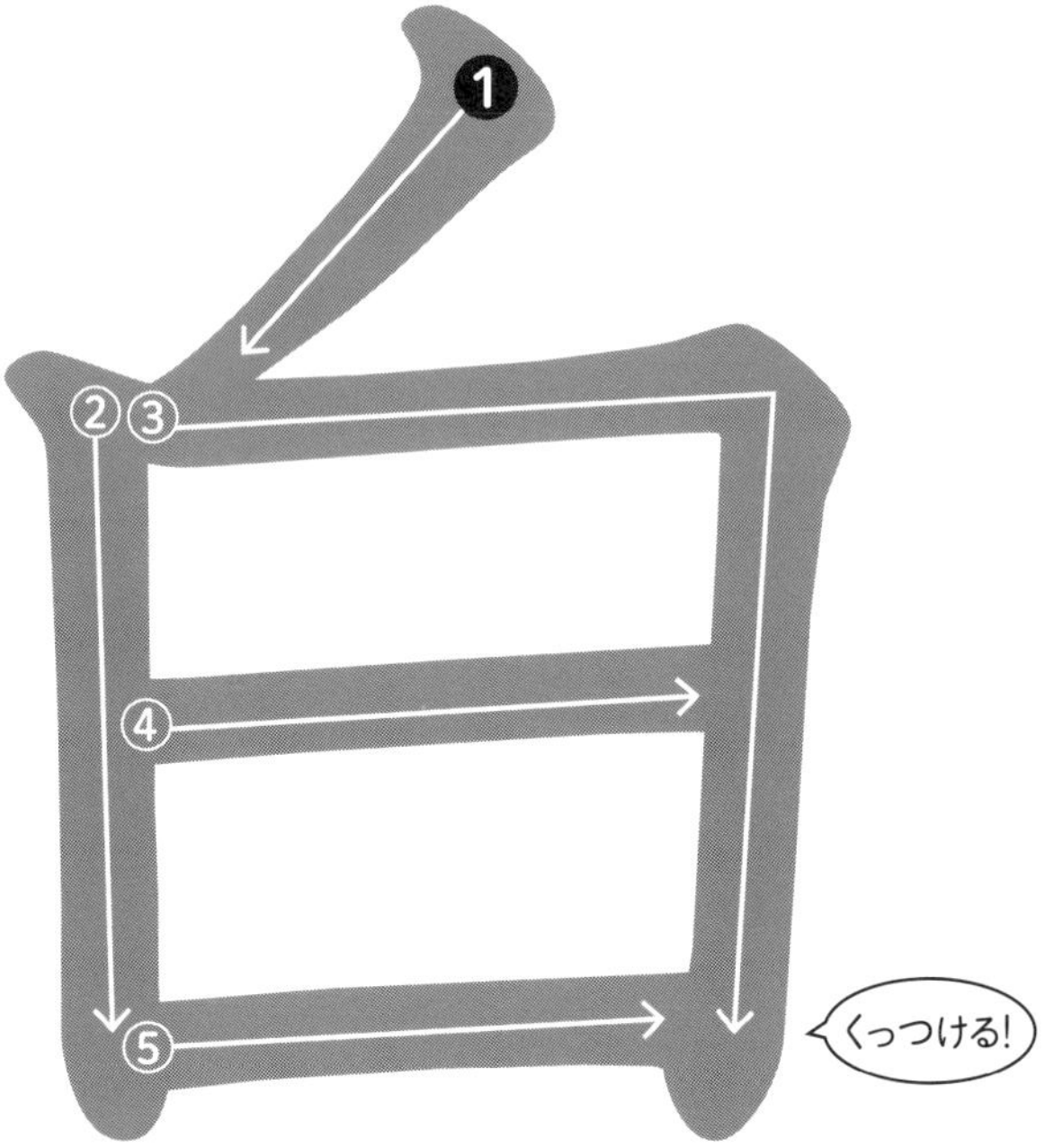
1
2
3
4
5
くっつける!

ママ！白《しろ》組《ぐみ》、赤《あか》組《ぐみ》どっちをおうえんするの!?
うーん。こまったなぁ…
1

こえにだして五回よもう

「白」でできることば

白米《はくまい》

白星《しろぼし》

白鳥《はくちょう》

紅白《こうはく》

白紙《はくし》

白雪姫《しらゆきひめ》

明白《めいはく》

白地図《はくちず》

「白《しろ》」には、「正《ただ》しい」「じゅんすいな」という
いみがあるよ。

白《しろ》と赤《あか》をまぜて…ピンク組《ぐみ》をおうえんします！
オーッ
なにそれ～
2

こえにだしてなぞってみよう

【くんよみ】た

【おんよみ】デン

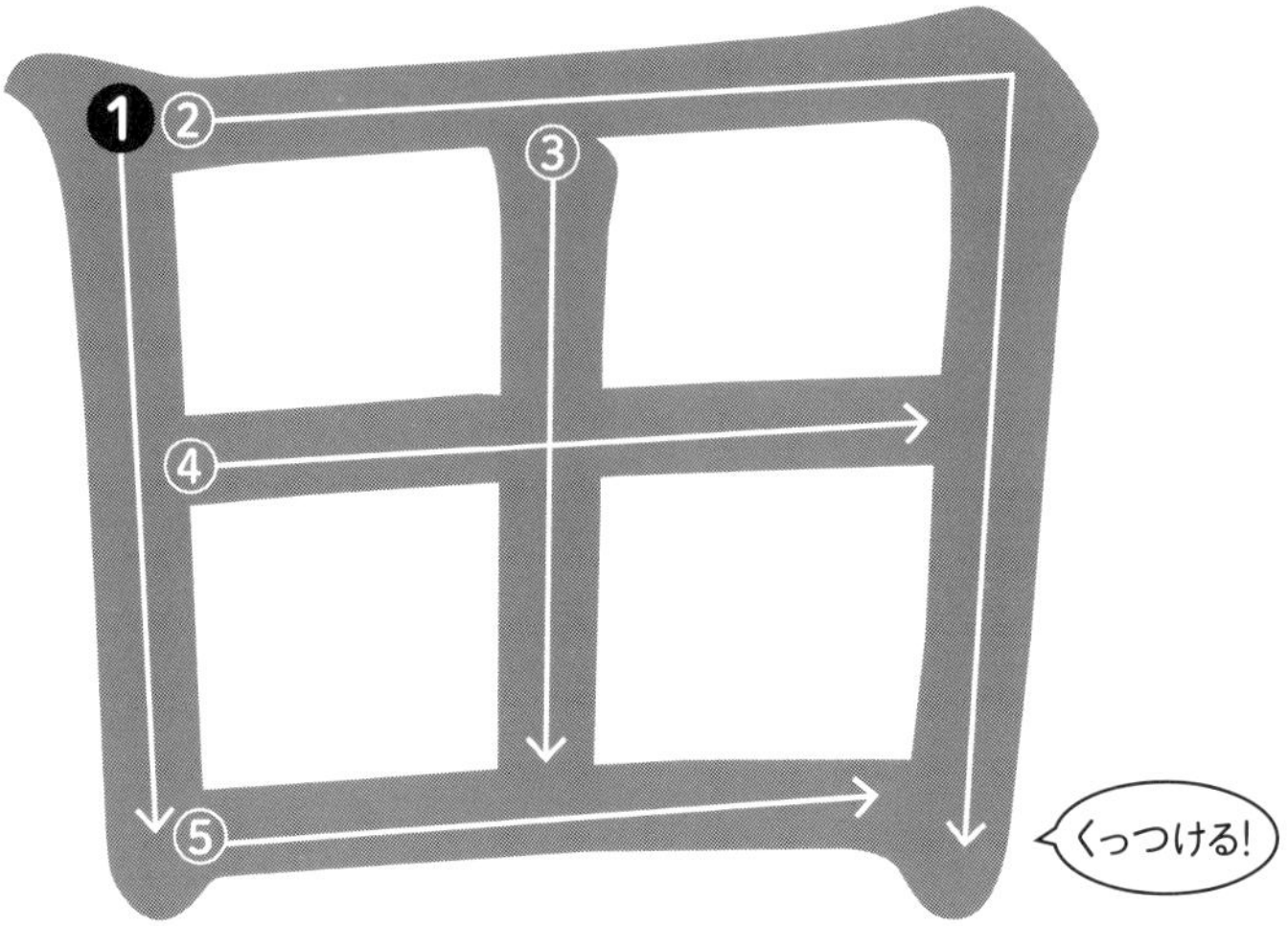

1
2
3
4
5
くっつける!

やさいは畑《はたけ》でできますがお米《こめ》はどこでできますか？
ハーイ
ハーイ
ハーイ
ハーイ
1

こえにだして五回よもう

「田」でできることば

水《すい》田《でん》　田《た》畑《はた》

田《でん》園《えん》　秋《あき》田《た》

油《ゆ》田《でん》　青《あお》田《た》

田《でん》楽《がく》　田《た》植《う》え

「田舎《いなか》」はとくべつなよみかただから、おぼえておこう。

では、みんなで…
田《た》んぼです！

2

コラム②

おなじことばでもいみがちがう

「はし」と「はし」？　「はな」と「はな」？

日本語《にほんご》には、いみがちがうのに、おなじいいかたをすることばがたくさんあるんだ。

たとえば「はし」。

しょくじをするときにつかうのは、ほそい二本《にほん》の「箸《はし》」。

川《かわ》をわたるのは「橋《はし》」。

車《くるま》にぶつからないようにあるくのは、みちの「端《はし》」だね。

ぜんぶ、よみかたはおなじ「はし」なのに、いみはちがう。だから、つかわれる漢字《かんじ》がちがうんだ。

こえにだしてよむときは、アクセントがちがうので、おなじ「はし」でも、きいていれば「箸《はし》」なのか「橋《はし》」なのかはわかるけど、「はし」とかいただけでは、なんの「はし」だかわからないね。

こういうことばを「同音異義語《どうおんいぎご》」といって、「おなじ音《おん》（よみかた）で、いみがちがうことば」のことなんだよ。

ほかにも「はな（花《はな》・鼻《はな》）」「かてい（家《か》庭《てい》・仮定《かてい》）」「もも（桃《もも》・腿《もも》）」など、いろいろあるよ。

どんなものがあるか、さがしてみよう。

「えっ！　家《いえ》がないの?!」

もし、漢字《かんじ》ではなく、ひらがなだけで字《じ》をかいたら、こんなことがおこるかもしれない。

学校《がっこう》でおちこんでいるともだちがいて、しんぱいになったきみは「どうしたの？」とこえをかけてみた。

すると、その子《こ》がノートのきれはしになにかをかいて、そっときみにわたした。

そこには……。

「いえない」

どういうことだろう？

だれにも「言《い》えない」ことがあるんだったら、そっとしておいてあげたいね。

でも、「家《いえ》ない」だったらどうだろう？

家《いえ》がなかったら、たいへんだ！　先生《せんせい》たちにもそうだんしなくちゃいけない！

どうしよう、どうしよう、どうしよう……。

こんなふうに、「いえない」ということばでも、漢字《かんじ》がちがえばいみがかわるよね。

これはどうだろう。

「ぱんつくったことある？」

二《ふた》つのいみがかんがえられるよね。

「パン作《つく》ったことある？」

「パンツ食《く》ったことある？」

これは日本語《にほんご》のたのしいところでもあるけれど、漢字《かんじ》をつかってかけば、どんないみかすぐわかって、まちがえることはないね。

こえにだしてなぞってみよう

【くんよみ】だ・す、で・る

【おんよみ】シュツ

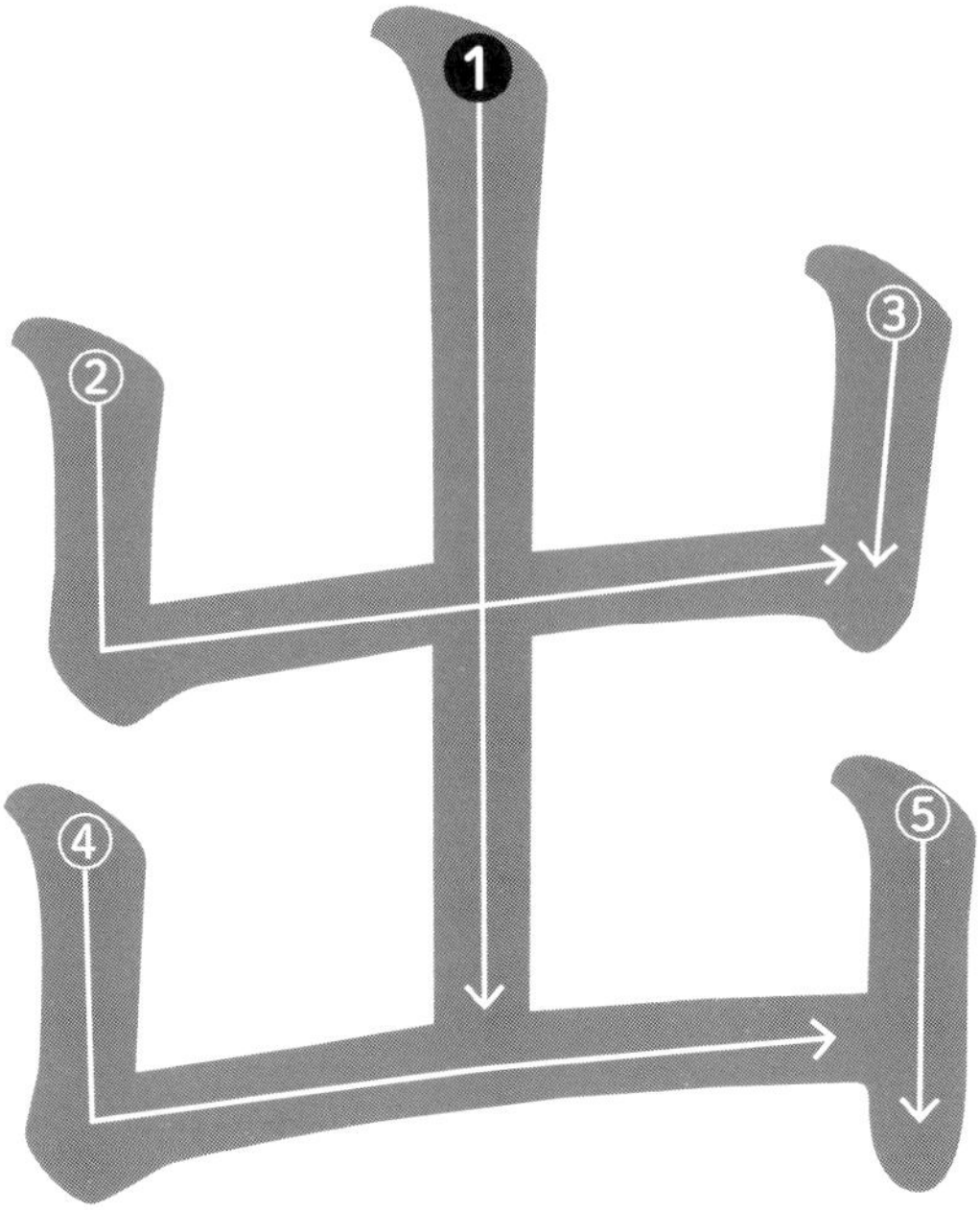

1

こえにだして五回よもう

「出」でできることば

出席《しゅっせき》　支出《ししゅつ》

出発《しゅっぱつ》　出番《でばん》

外出《がいしゅつ》　出会《であ》い

人出《ひとで》　日《ひ》の出《で》

「とび出《だ》す」「かけ出《だ》す」には、「いまだ！」という いきおいがあるね。

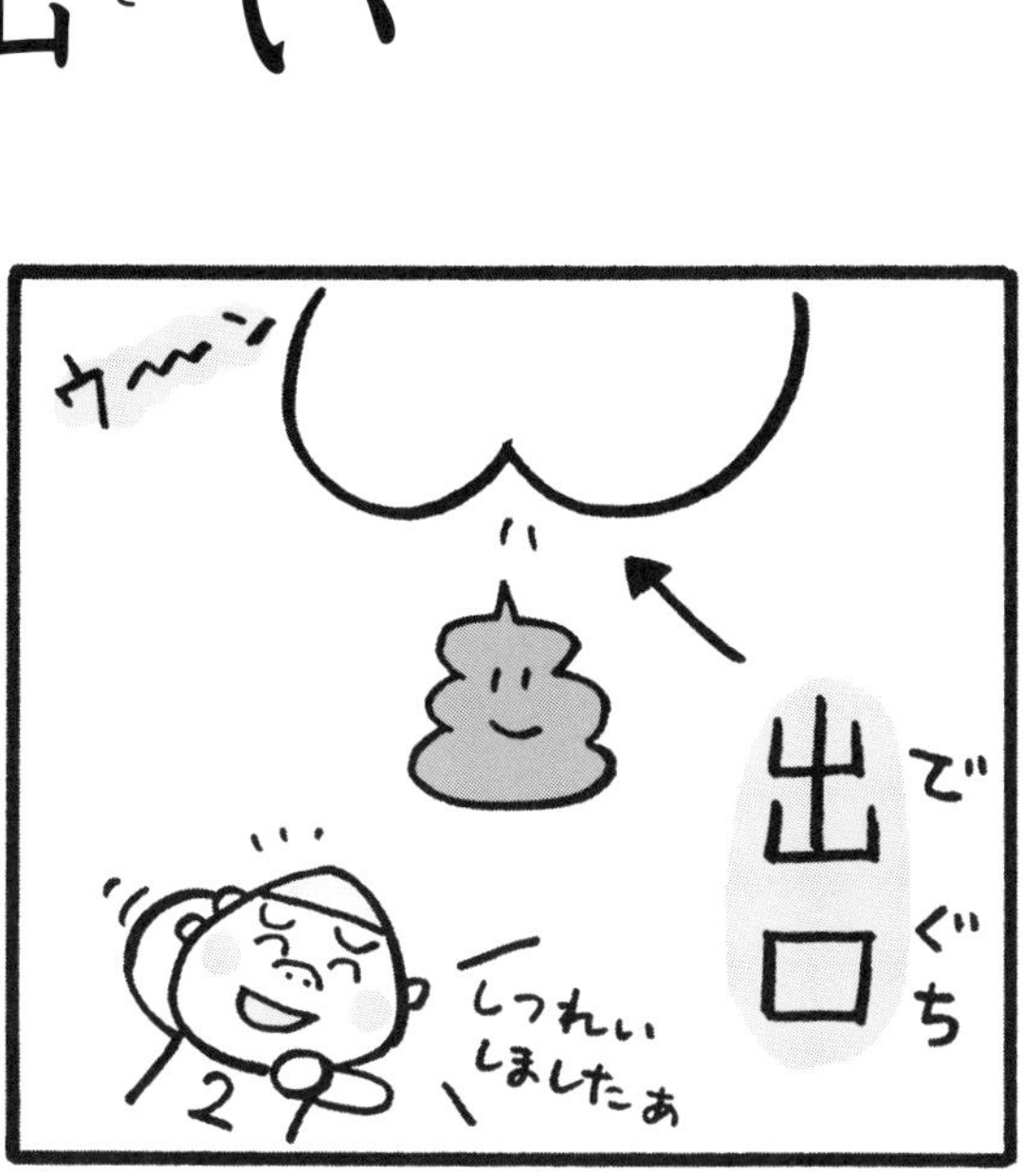

2

【くんよみ】ただ・しい、まさ

【おんよみ】セイ、ショウ

こえにだしてなぞってみよう

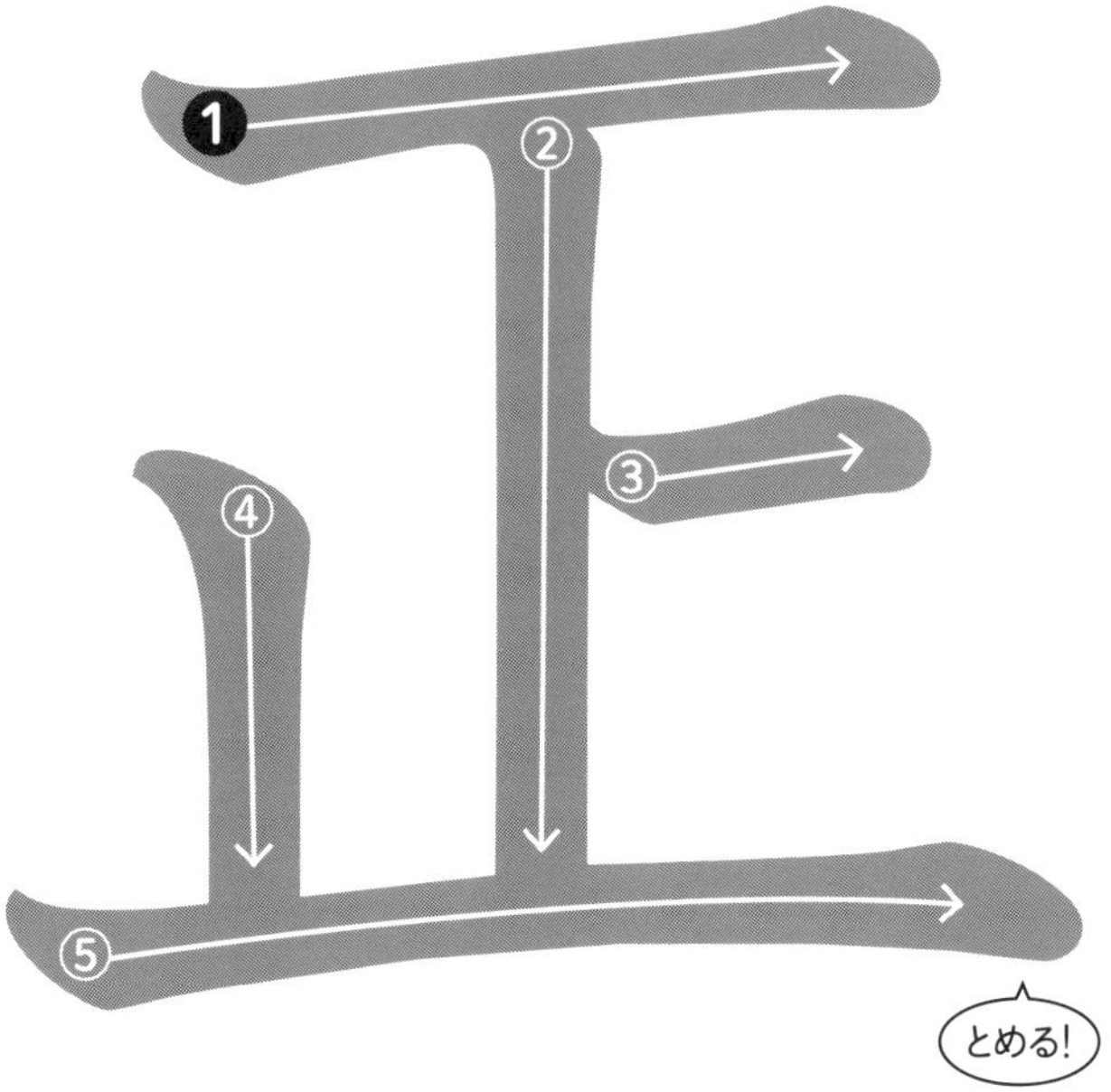

とめる!

学校《がっこう》の正門前《せいもんまえ》でとったしゃしんよ！
ほらっ一年生《いちねんせい》のとき
見《み》せて！
1

こえに だして 五回 よもう

「正」でできることば

正当《せいとう》　正直《しょうじき》

正門《せいもん》　正体《しょうたい》

不正《ふせい》　正午《しょうご》

公正《こうせい》　正方形《せいほうけい》

「正《せい》」は五《ご》かくだから、かずをかぞえるときによくつかうね。

ママ、いまよりわか〜い！
そうかしら…
入学
小学校

2

【くんよみ】た・つ

【おんよみ】リツ

こえにだしてなぞってみよう

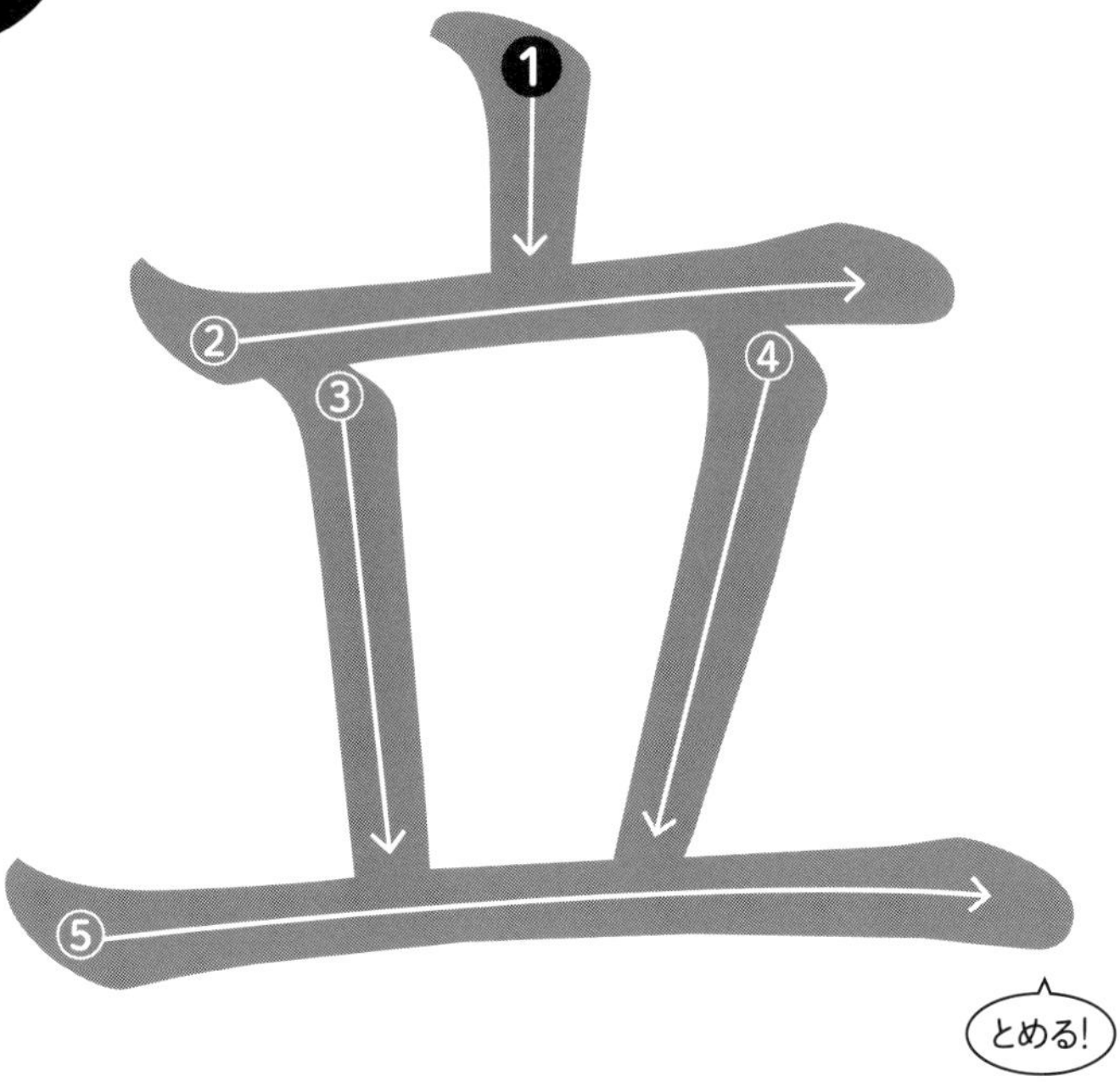

1
2
3
4
5
とめる!

かべにむかって「とう立《りつ》」してごらん!
先生《せんせい》!「とう立《りつ》」ってなんですか?

1

こえに だして 五回 よもう

「立」でできることば

立場《たちば》　国立《こくりつ》

夕立《ゆうだち》　立冬《りっとう》

立体《りったい》　起立《きりつ》

立地《りっち》　立《た》て札《ふだ》

「はらを立《た》てる」は、おこるといういみ。
「かおを立《た》てる」は、人《ひと》のめいよをまもることだよ。

さかさまに立《た》つことです!
「さか立《だ》ち」のことかあ
エイ!

2

【くんよみ】たま

【おんよみ】ギョク

こえにだしてなぞってみよう

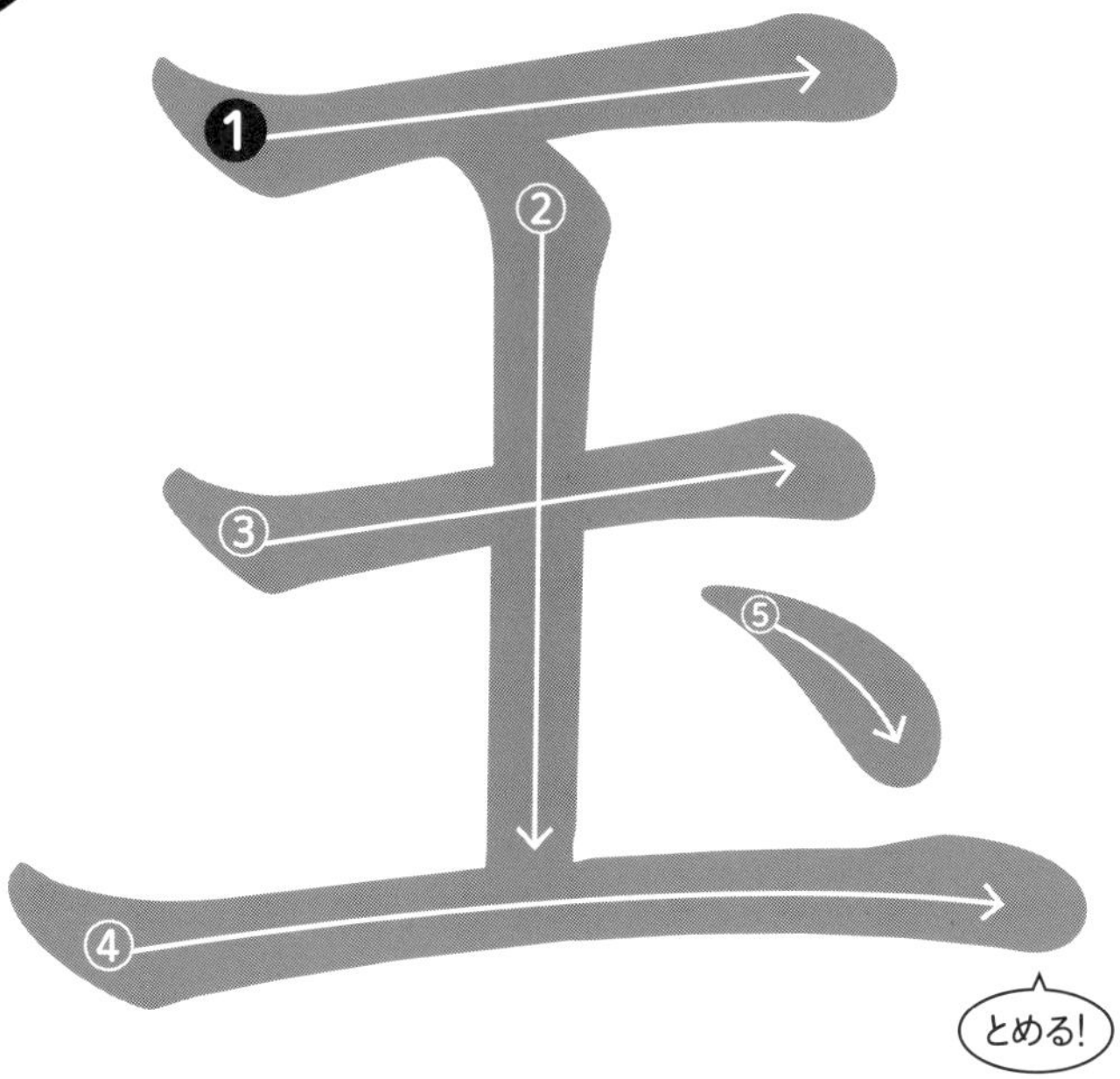

とめる!

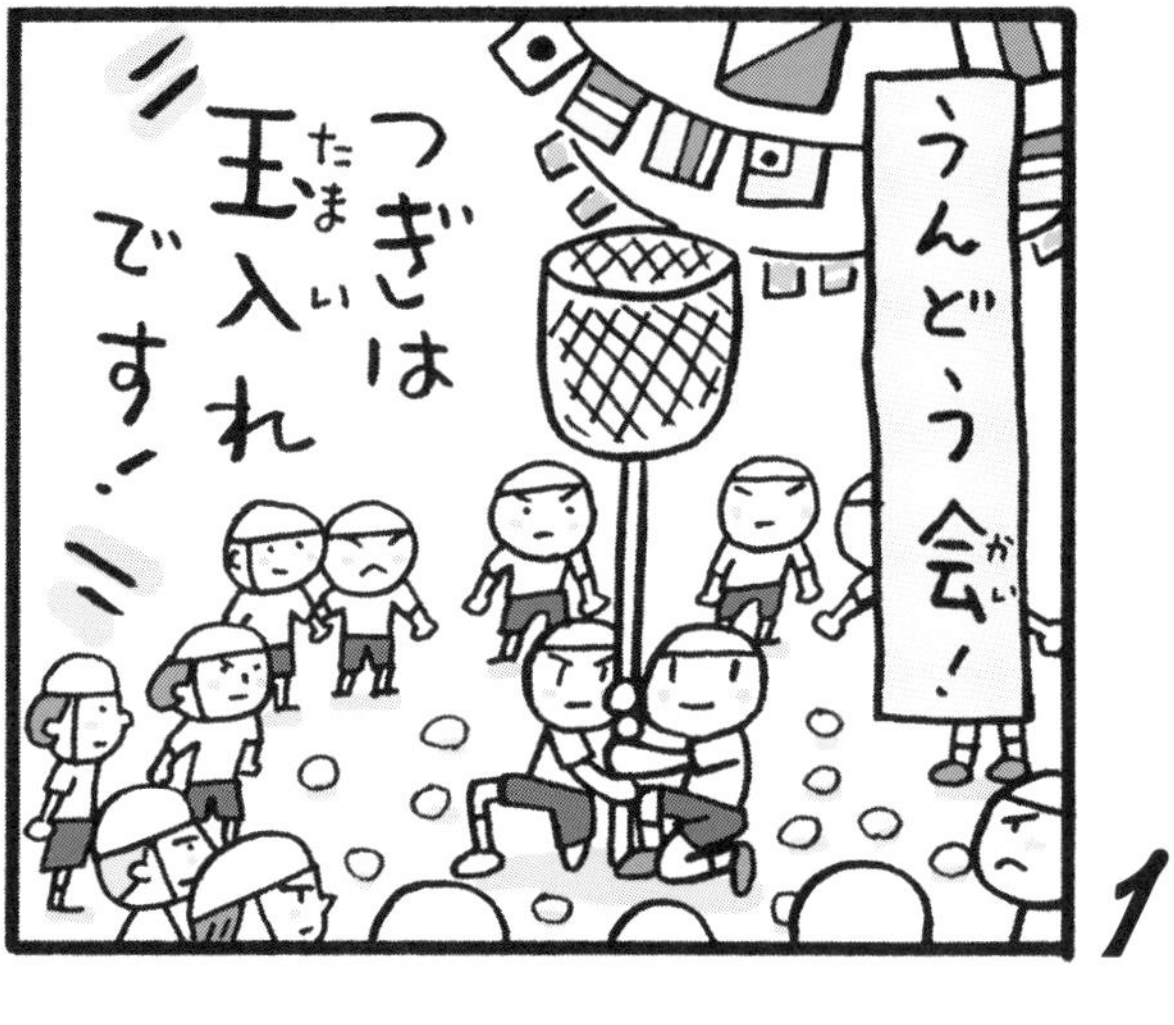

つぎは玉《たま》入《い》れです!
うんどう会《かい》!
1

こえにだして五回よもう

「玉」でできることば

目玉《めだま》　悪玉《あくだま》

手玉《てだま》　あめ玉《だま》

玉虫《たまむし》　お年玉《としだま》

水玉《みずたま》　ビー玉《だま》

「玉《たま》」と「王《おう》」。「、」ひとつでちがう漢字《かんじ》になるから、きをつけよう！

ようい
ドン！
あっ！ぼくのおにぎり〜!!
わぁ
わぁ
わぁ
2

【くんよみ】ひだり

【おんよみ】サ

こえにだしてなぞってみよう

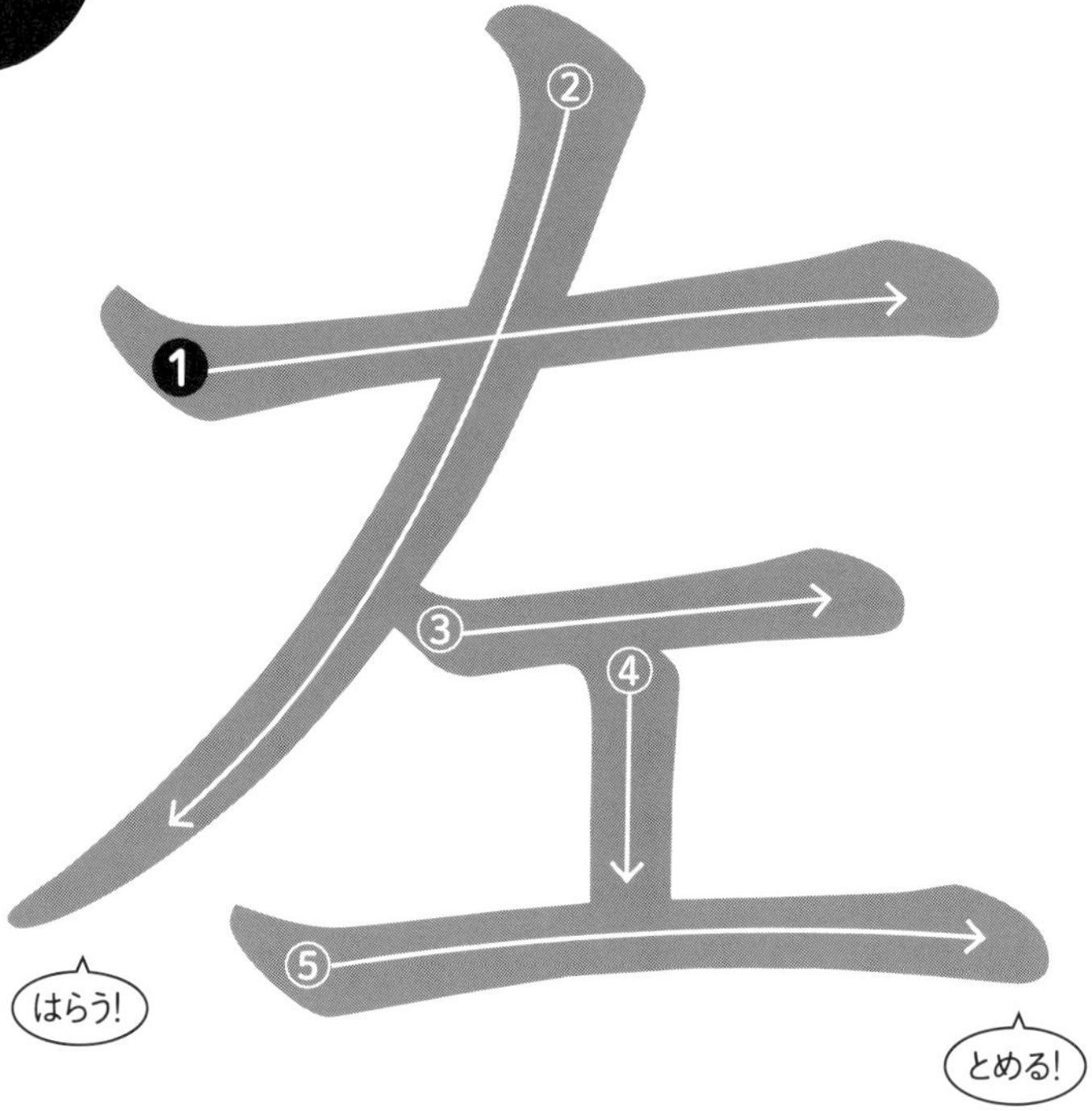
1
2
3
4
5
はらう!
とめる!

左右《さゆう》を見《み》てからわたりましょう!!
2

1

こえにだして五回よもう

「左」でできることば

左手《ひだりて》　左脳《さのう》

左側《ひだりがわ》　左折《させつ》

左前《ひだりまえ》　左きき《ひだりきき》

左官《さかん》　左向き《ひだりむき》

「左《ひだり》」は、「右《みぎ》」とちがって、よこぼうからかくんだよ！

えらいね！
目《め》の前《まえ》に一年生《いちねんせい》がいたから…お手本《てほん》にならないとね。
2

【くんよみ】みぎ

【おんよみ】ユウ、ウ

こえにだしてなぞってみよう

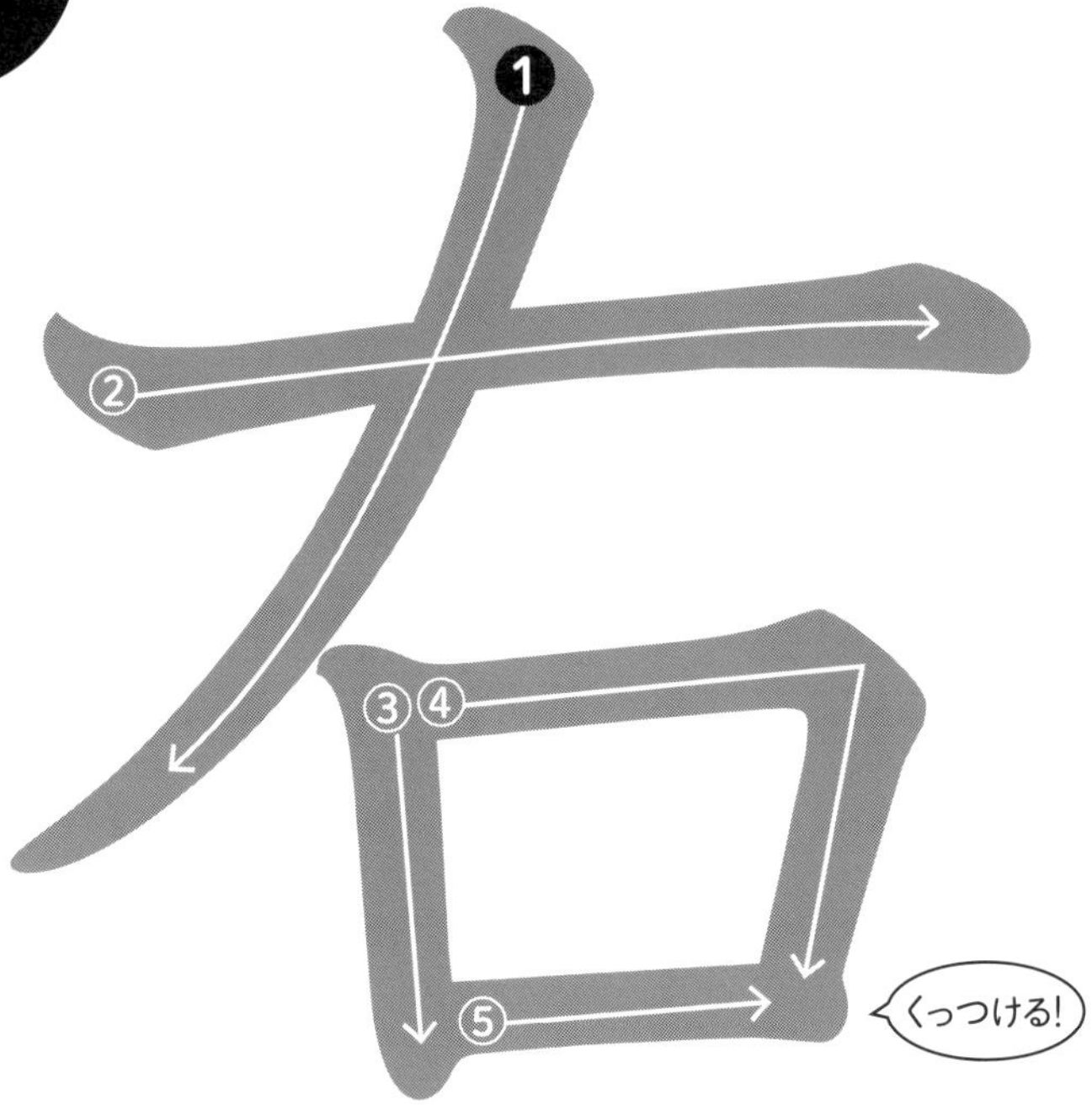

1

こえに
だして
五回
よもう

「右」でできることば

右手《みぎて》　左右《さゆう》

右側《みぎがわ》　座右《ざゆう》

右折《うせつ》　右《みぎ》きき

右腕《みぎうで》　右回《みぎまわ》り

右足《みぎあし》でシュート!!
ゴール
やった

2

たてにはらうところが、かきじゅんのスタートだよ、
きをつけよう！

こえにだしてなぞってみよう

【くんよみ】め

【おんよみ】モク

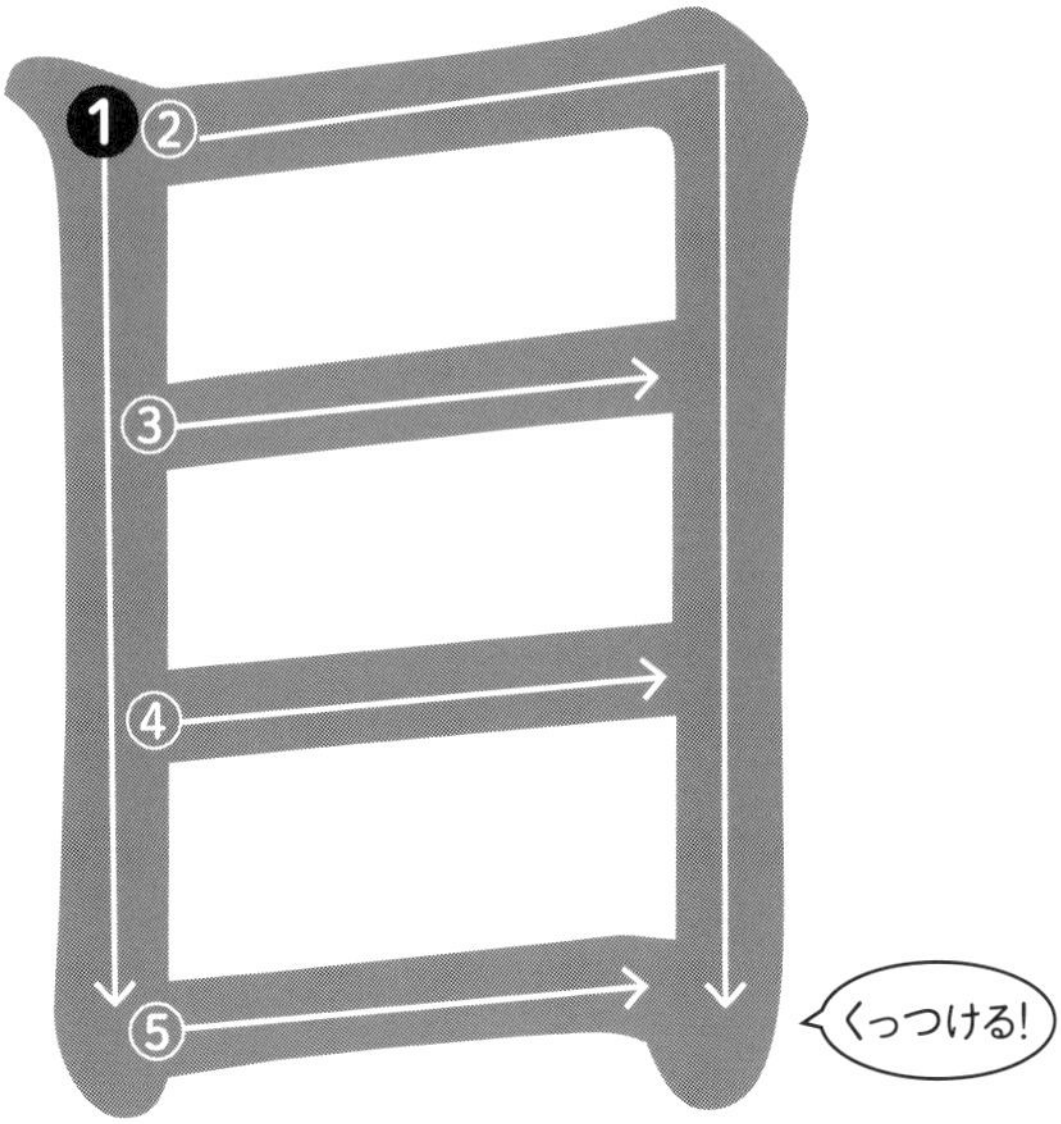

くっつける!

さきちゃんのリボンかわいい!
わぁ
ありがとう! さすがお目《め》がたかい!
?
お目《め》がたかい?

1

こえにだして五回よもう

「目」でできることば

目次《もくじ》　着目《ちゃくもく》

科目《かもく》　役目《やくめ》

目的《もくてき》　目上《めうえ》

注目《ちゅうもく》　折《お》り目《め》

「目《め》につく」「目《め》がまわる」など、「目《め》」のつくことばをあつめてみよう。

どういういみなの?
みる目《め》があるっていうことよ。
ママが大切《たいせつ》にしていたリボンをもらったの!
ほんとすてきなリボンね
2

こえにだしてなぞってみよう

【くんよみ】もと

【おんよみ】ホン

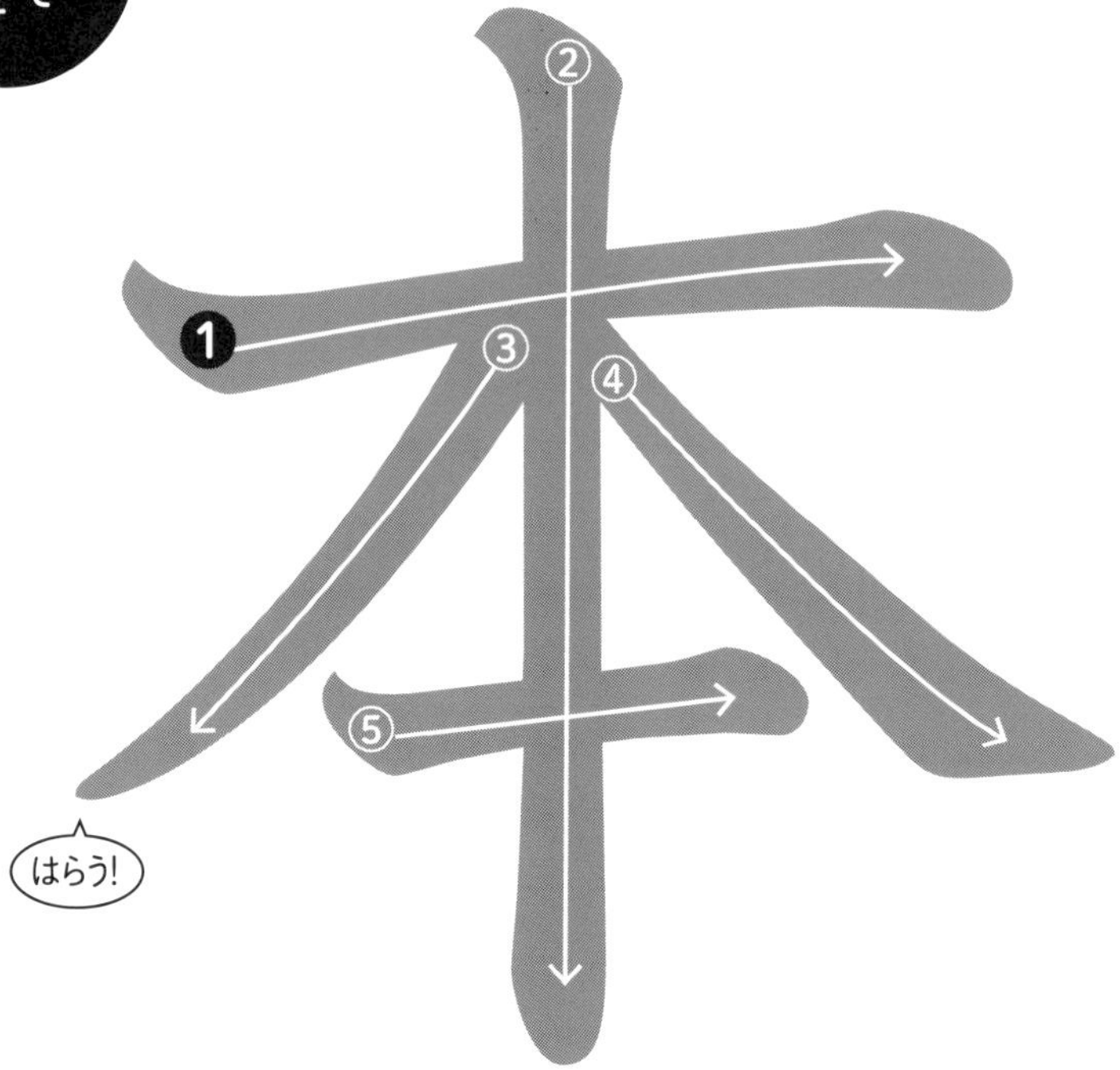

こえにだして五回よもう

「本」でできることば

本《ほん》人《にん》　本《ほん》文《ぶん》

本《ほん》気《き》　大《おお》本《もと》

本《ほん》音《ね》　本《ほん》立《た》て

絵《え》本《ほん》　お手《て》本《ほん》

本《ほん》をよむと、いろいろなことがわかって、せかいがひろがるよ！

この本《ほん》か？
ホラッ
あ…ありがとうございます
すてきな上級生《じょうきゅうせい》…
2

【くんよみ】よ、よん、よっ・つ

【おんよみ】シ

こえにだしてなぞってみよう

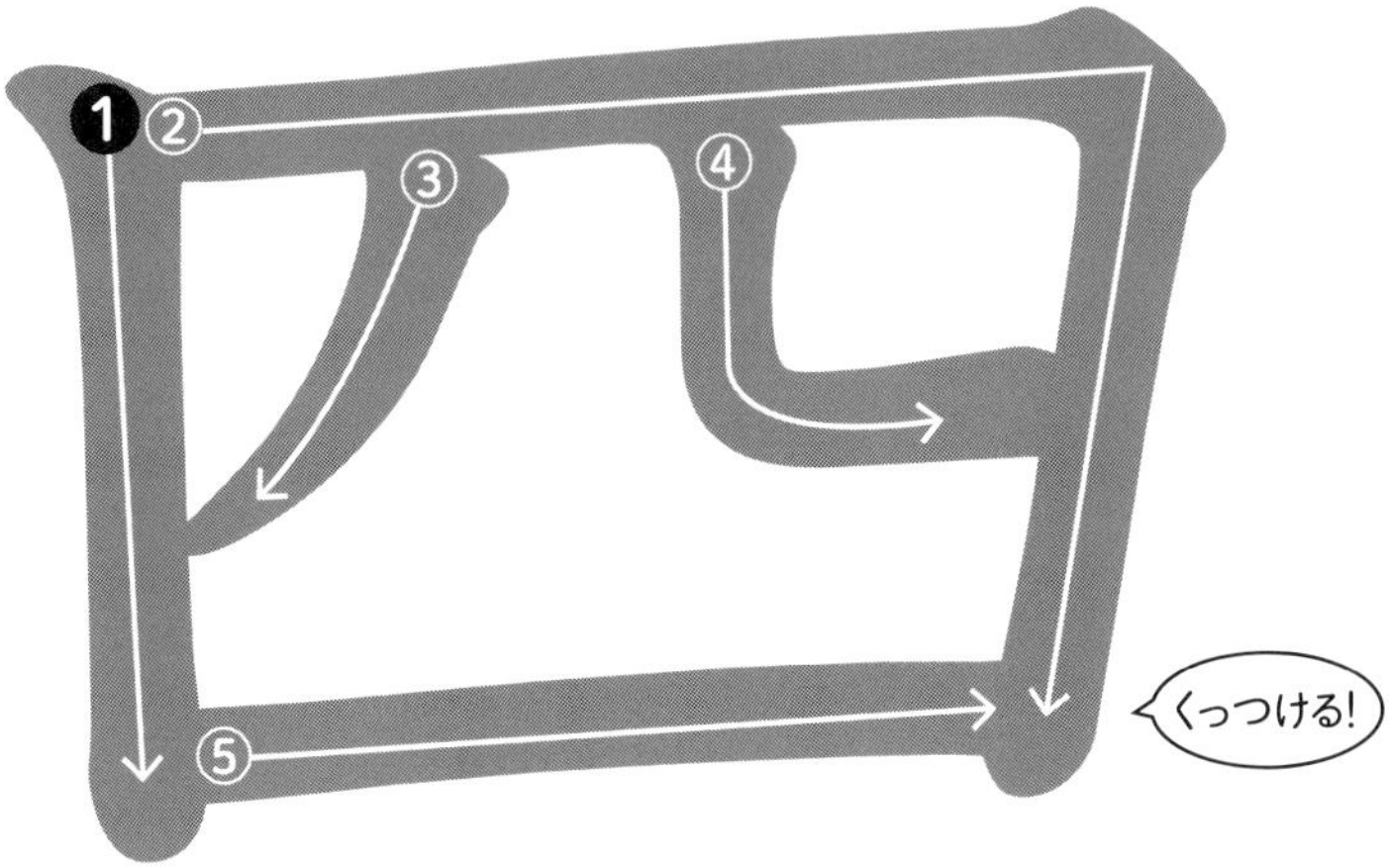
四
1
2
3
4
5
くっつける!

先生《せんせい》、ぼくは、もうだめです、ねむい…
キーンコーンカーンコーン
1

こえにだして五回よもう

「四」でできることば

四方《しほう》

四日《よっか》

四季《しき》

四本《よんほん》

四月《しがつ》

四角形《しかくけい》

四人《よにん》

四つ角《よつかど》

日本《にほん》は春《はる》・夏《なつ》・秋《あき》・冬《ふゆ》の「四季《しき》」がはっきりしているよ。

こえにだしてなぞってみよう

【くんよみ】あざ

【おんよみ】ジ

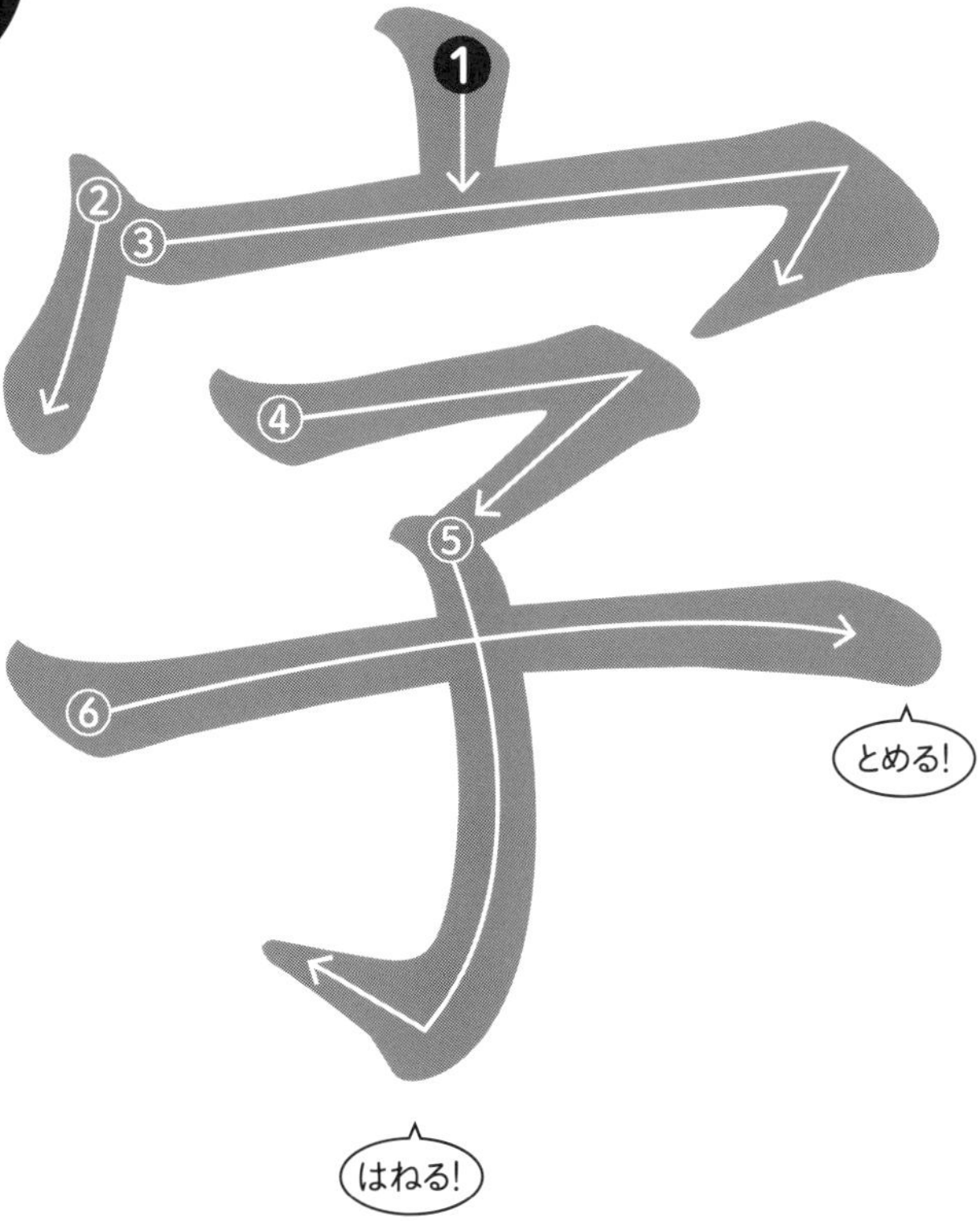

とめる!
はねる!

しゅう字《じ》のじかん
しんけん!
サッ、サッ
サッ

1

こえにだして五回よもう

「字」でできることば

字引《じびき》　数字《すうじ》
字体《じたい》　習字《しゅうじ》
字画《じかく》　漢字《かんじ》
活字《かつじ》　大字《おおあざ》

ちいきによっては「字《あざ》」「大字《おおあざ》」という住所《じゅうしょ》があるよ。

じろうはたべものばっかりだな！
へへへ…
もも
くり
2
2

【くんよみ】いと

【おんよみ】シ

こえにだしてなぞってみよう

こえにだして五回《ごかい》よもう

「糸」でできることば

糸口《いとぐち》　糸電話《いとでんわ》

毛糸《けいと》　製糸《せいし》

糸車《いとぐるま》　抜糸《ばっし》

生糸《きいと》　たこ糸《いと》

「糸《いと》のようにほそいもの」をあらわすときにもつかうよ！

ハイ
スカイツリー！！
見《み》えないかな？
2

【くんよみ】

【おんよみ】キ、ケ

こえにだしてなぞってみよう

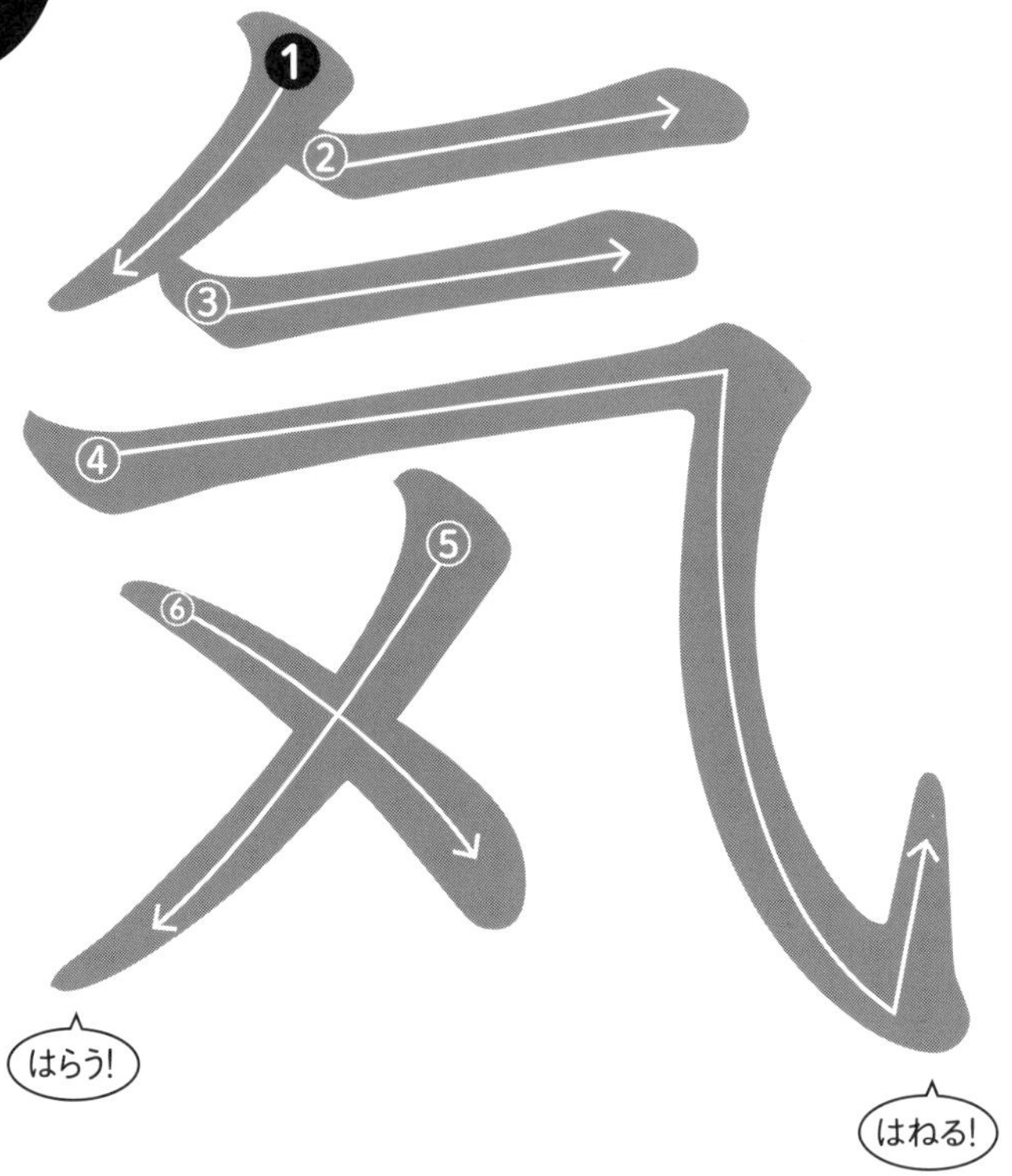
はらう!
はねる!

あしたの天気《てんき》は…
雨《あめ》になりますように!!
1

こえにだして五回よもう

「気」でできることば

気温《きおん》　外気《がいき》

空気《くうき》　湯気《ゆげ》

気配《けはい》　気候《きこう》

電気《でんき》　火《ひ》の気《け》

「気《き》がながい」「気《き》が小《ちい》さい」「気《き》がつよい」など、せいかくをあらわすことばもあるよ。

こえにだしてなぞってみよう

【くんよみ】さき

【おんよみ】セン

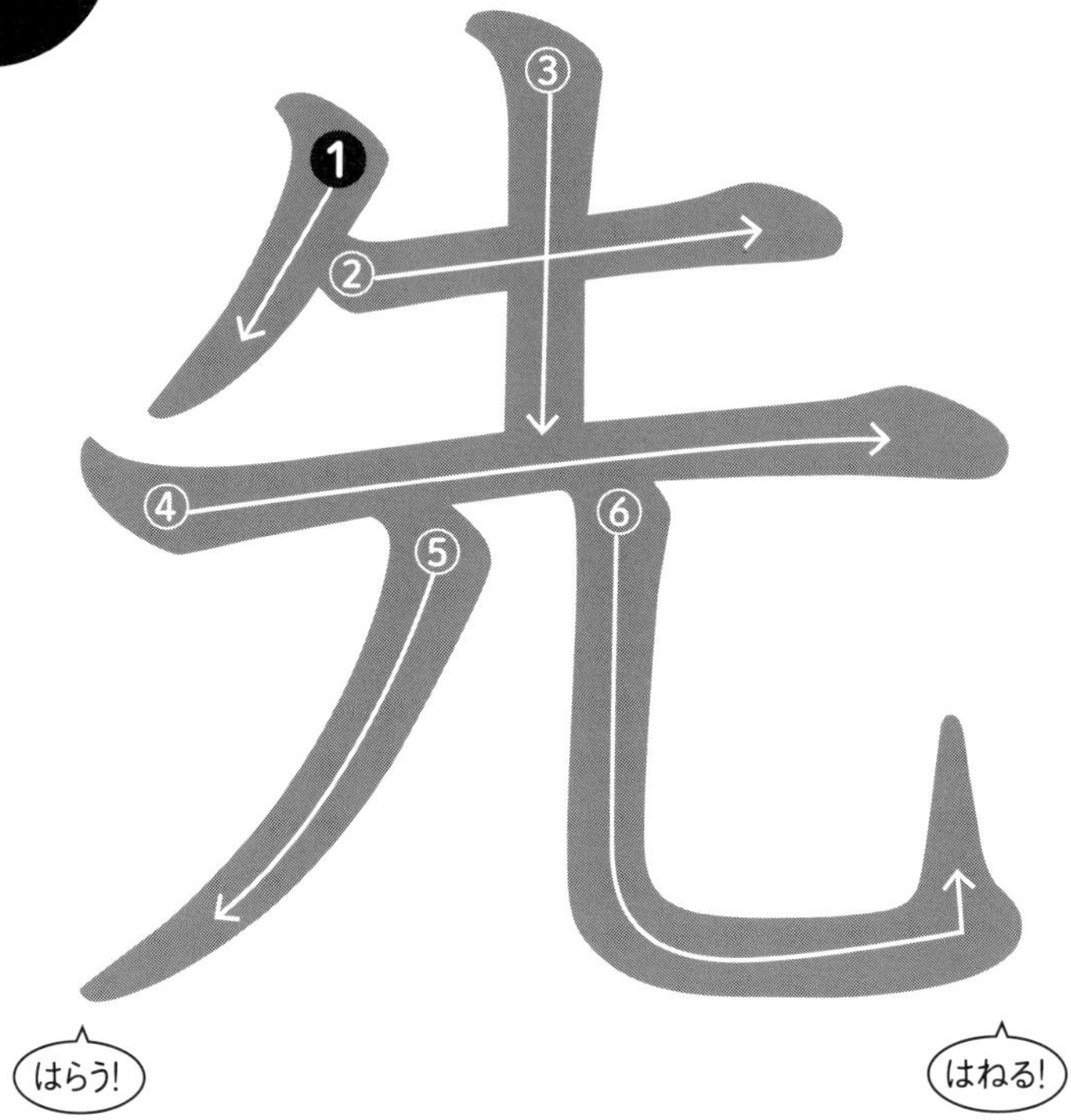
先
1
2
3
4
5
6
はらう!
はねる!

あ、あの…先生《せんせい》がいっぱいいるおへやはどこですか？
一年生《いちねんせい》

1

こえにだして五回よもう

「先」でできることば

店《みせ》先《さき》　先《せん》生《せい》

手《て》先《さき》　先《さき》回《まわ》り

先《せん》手《て》　先《さき》行《ゆ》き

祖《そ》先《せん》　つま先《さき》

先生《せんせい》や先《せん》ぱいは、いろいろなことをおしえてくれる、たのもしいそんざいだよ！

しょくいんしつのことだね！
この先《さき》だよ！
ありがとうございます！

こえにだしてなぞってみよう

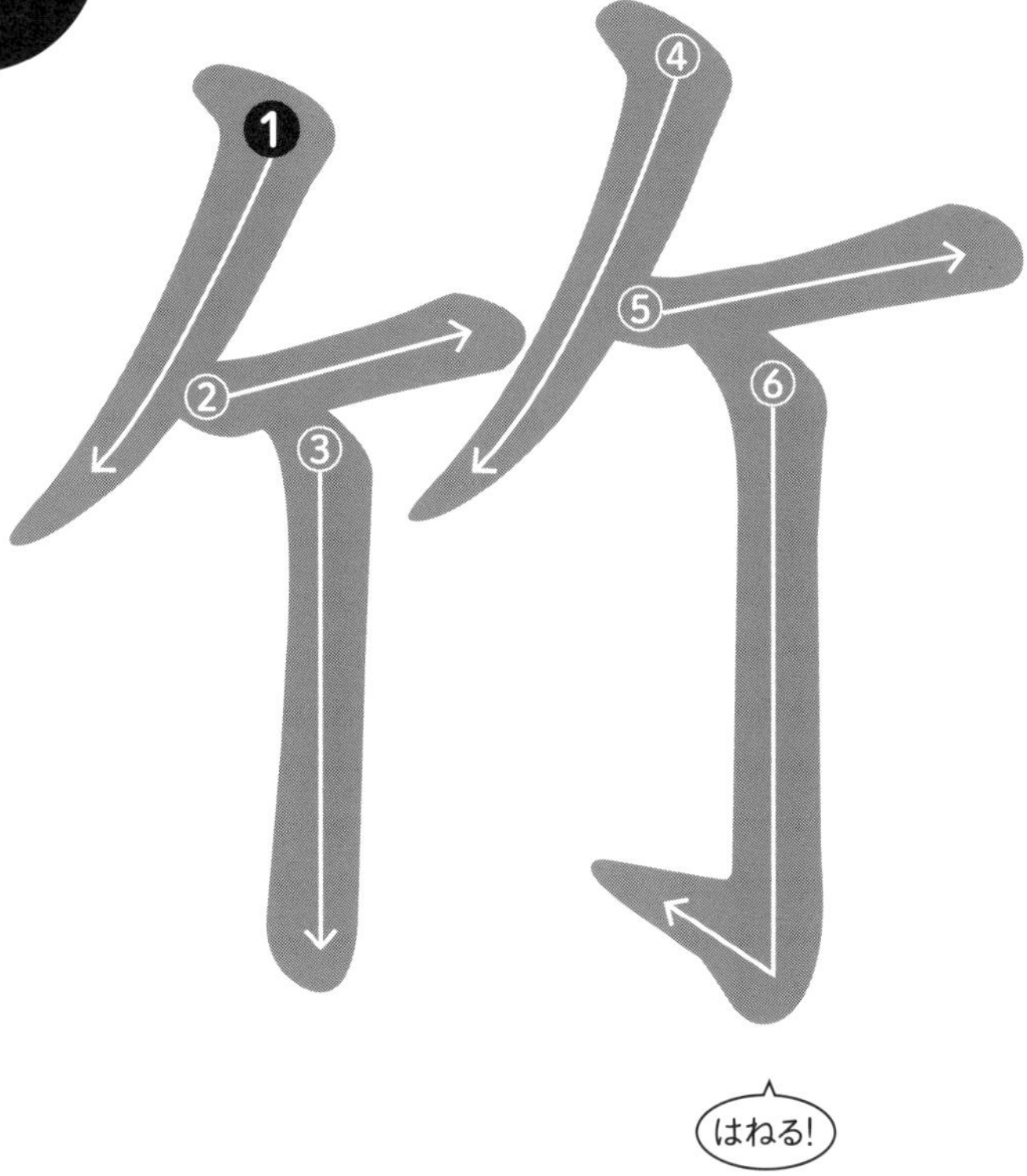

【くんよみ】たけ

【おんよみ】チク

1

こえにだして五回よもう

「竹」でできることば

竹馬《たけうま》　竹輪《ちくわ》

青竹《あおたけ》　爆竹《ばくちく》

竹林《ちくりん》　竹《たけ》の子《こ》

竹筒《たけづつ》　松竹梅《しょうちくばい》

「竹馬《たけうま》」「竹《たけ》トンボ」など、むかしはあそびどうぐを竹《たけ》でつくっていたよ。

タケノコって竹《たけ》の子どもだったの？しらなかった。
そうよ
2

こえにだしてなぞってみよう

【くんよみ】とし

【おんよみ】ネン

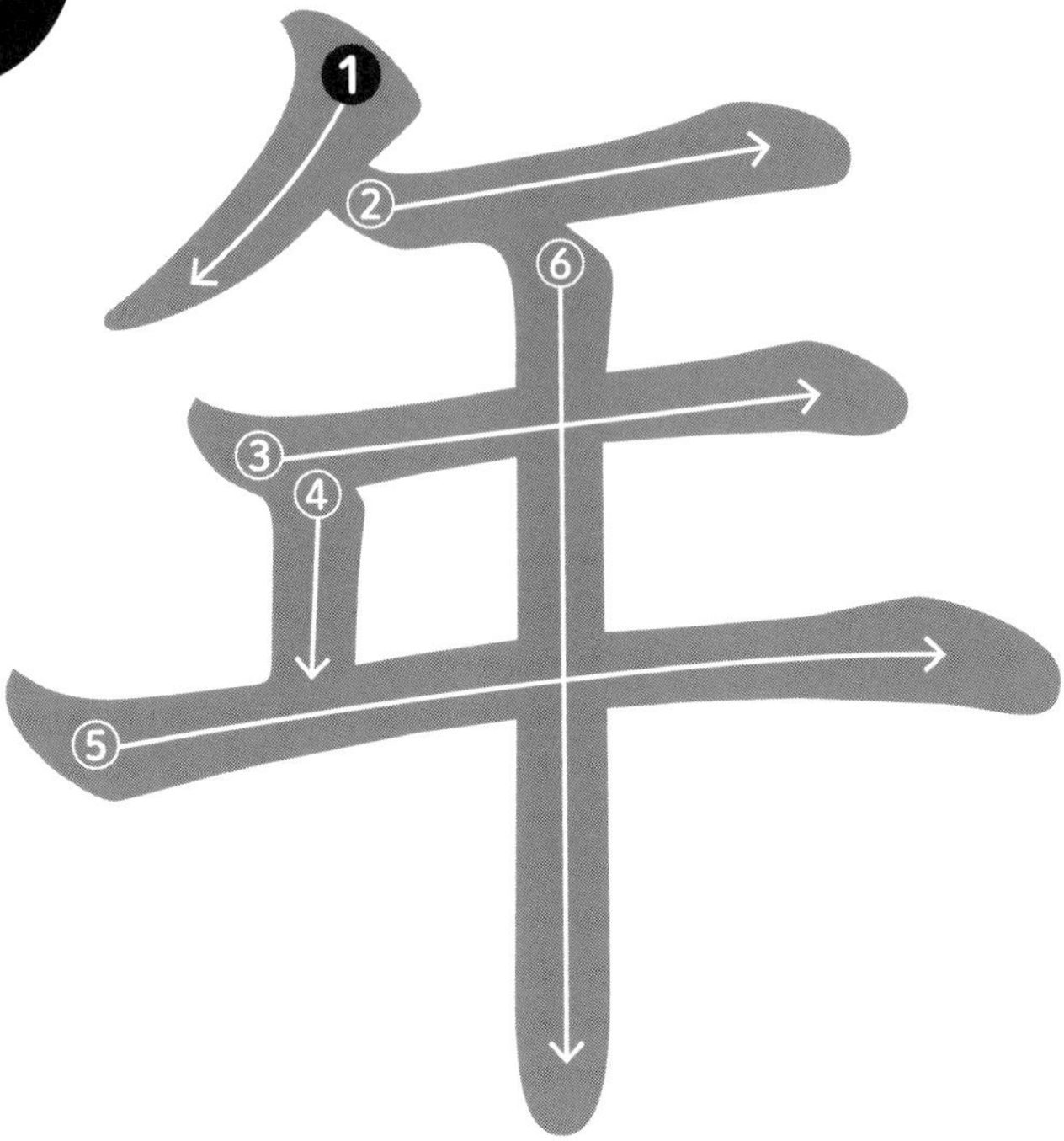

ぼくには年《とし》下《した》のかわいいいもうとがいます
六年生《ろくねんせい》
四年生《よねんせい》
1

こえに だして 五回 よもう

「年」でできることば

年下《としした》　学年《がくねん》

半年《はんとし》　同《おな》い年《どし》

年月《ねんげつ》　年賀状《ねんがじょう》

来年《らいねん》　年寄《とした》り

一年《いちねん》はあっというまだよ。一日一日《いちにちいちにち》をたいせつにすごしたいね。

ぼくのアイスがないよう
エーン
エー！
エー！
わたしには年上《としうえ》のおとうとのようなおにいちゃんがいます
ペロペロ
2

【くんよみ】な

【おんよみ】メイ、ミョウ

こえにだしてなぞってみよう

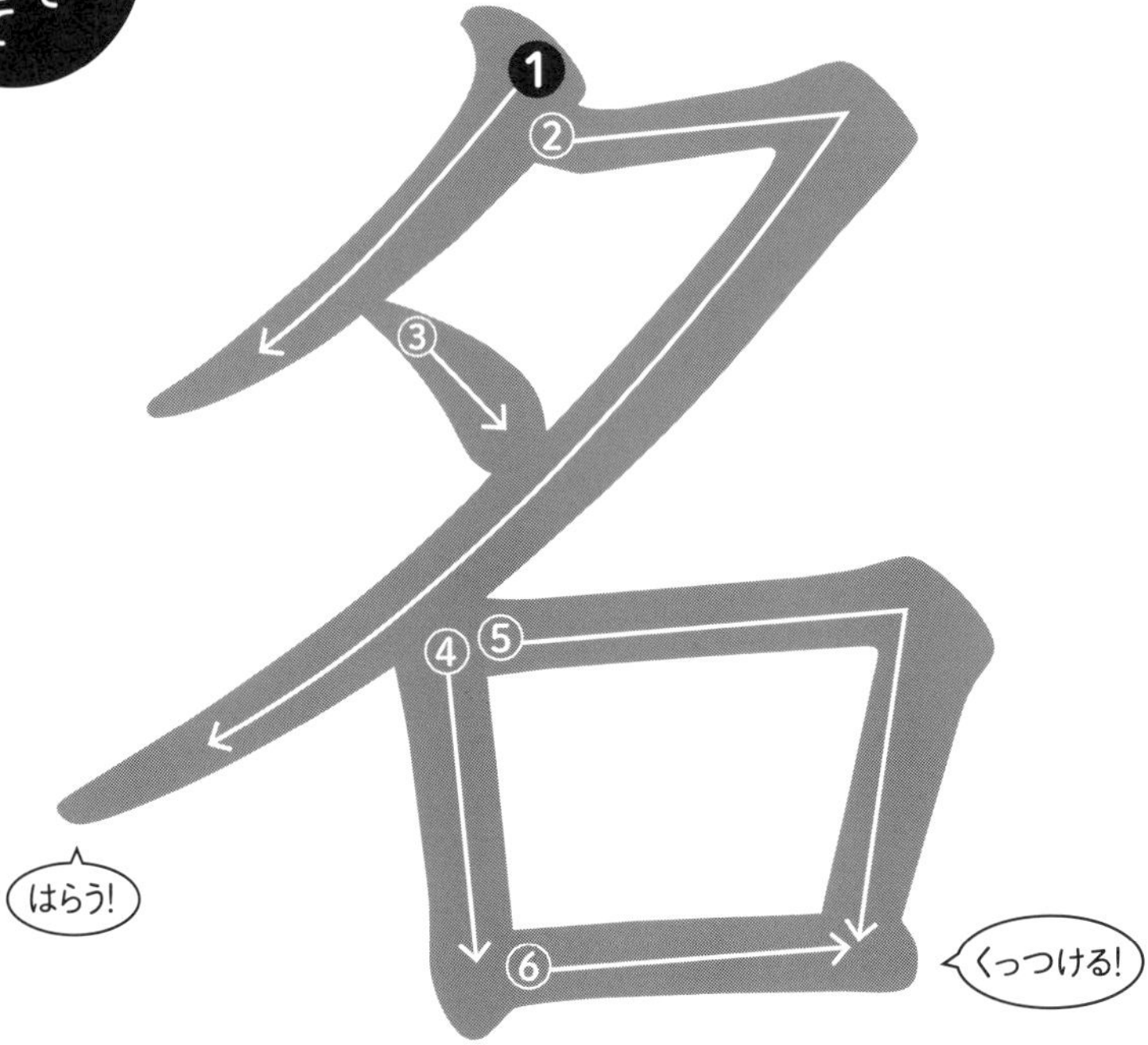
はらう!
くっつける!

ぼくの名《な》まえは大木《おおき》ノボル
木《き》のぼりがとくいっす!
APe

1

こえにだして五回よもう

「名」でできることば

名前《なまえ》　町名《ちょうめい》

名物《めいぶつ》　名作《めいさく》

名言《めいげん》　有名《ゆうめい》

本名《ほんみょう》　名字《みょうじ》

キミの名前《なまえ》はどうやってついたのかな？
いえの人《ひと》にきいてみよう！

よっ！
木《き》のぼり名人《めいじん》!!
はやい
スゴイ
わー

2

こえにだしてなぞってみよう

【くんよみ】はや・い

【おんよみ】ソウ

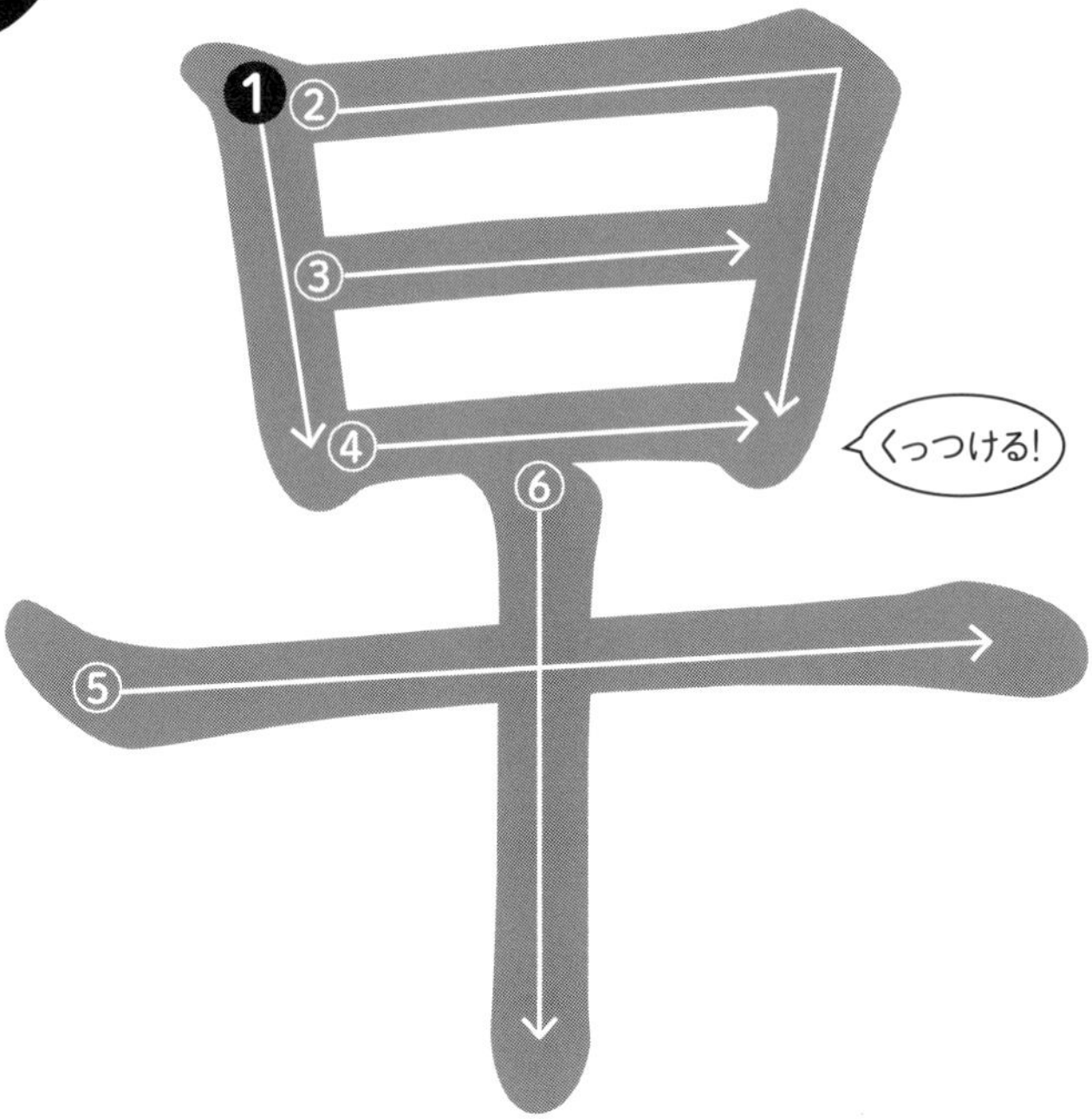
くっつける!

おやすみー
あさ、早《はや》おきしてしゅくだいやろうっと!
1

こえにだして五回よもう

「早」でできることば

早足《はやあし》　早春《そうしゅん》

早期《そうき》　早起《はやお》き

早朝《そうちょう》　早合点《はやがてん》

早退《そうたい》　早引《はやび》き

「学校《がっこう》へ行《い》く時間《じかん》が早《はや》い」と「足《あし》が速《はや》い」、つかう漢字《かんじ》がちがうよ。

そして、あさ
あさのべんきょうははかどるなあ!
チュンチュン
やーっすずめさんおはよう
スイスイ
2

【くんよみ】

【おんよみ】ヒャク

こえにだしてなぞってみよう

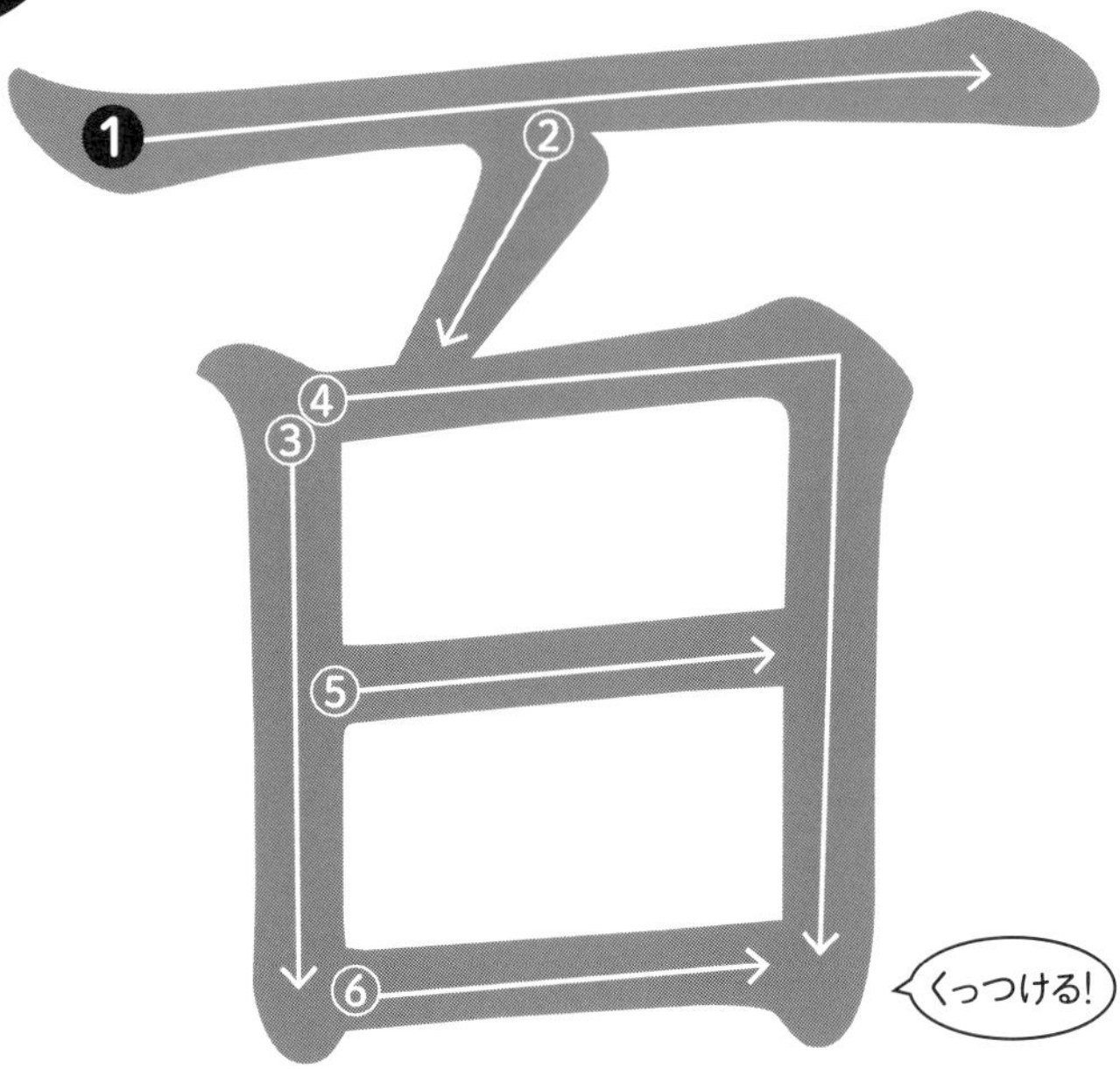

1

こえにだして五回《ごかい》よもう

「百」でできることば

百《ひゃく》年《ねん》

百《ひゃく》人《にん》力《りき》

数《すう》百《ひゃく》

百《ひゃく》円《えん》玉《だま》

百《ひゃっ》回《かい》

百《ひゃっ》貨《か》店《てん》

百《ひゃっ》羽《ぱ》

百《ひゃく》面《めん》相《そう》

一《いち》、十《じゅう》、百《ひゃく》、千《せん》、万《まん》、と数《かず》が大《おお》きくなっていくよ。

ともだち百人《ひゃくにん》まであと一人《ひとり》なんだよ…
うそ!? ともだち百人《ひゃくにん》なんてすごいね!

2

こえにだしてなぞってみよう

【くんよみ】みみ

【おんよみ】ジ

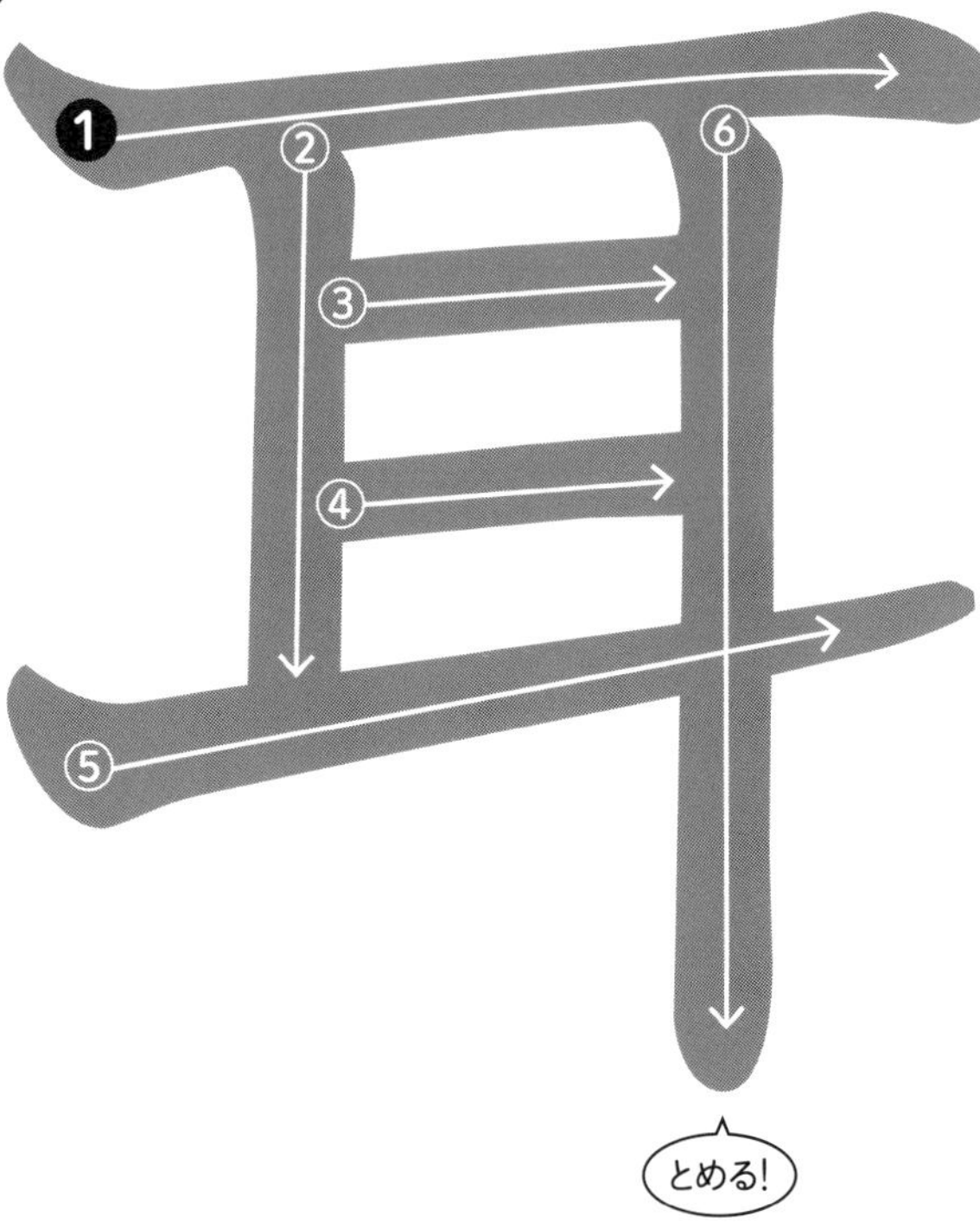

1
2
3
4
5
6
とめる!

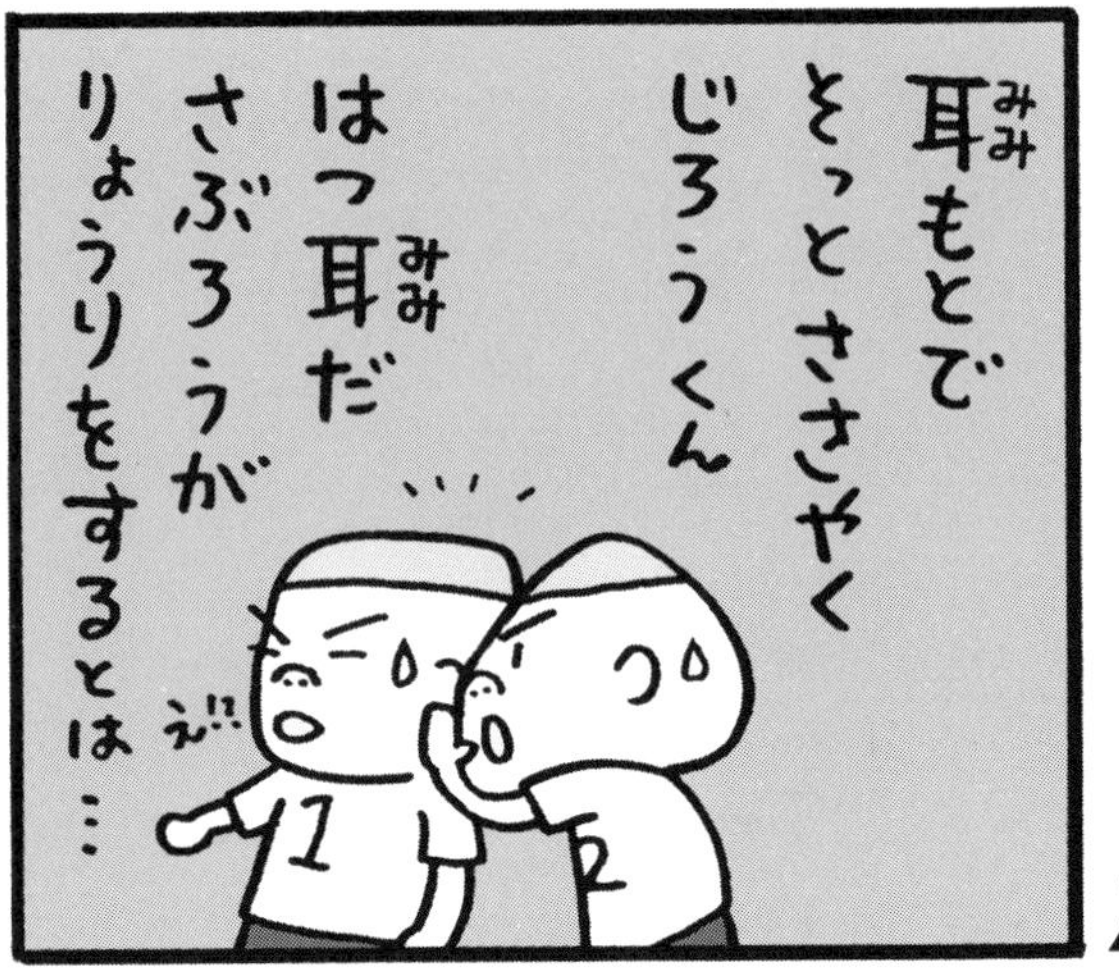

耳《みみ》もとでそっとささやくじろうくん
はっ耳《みみ》だ
さぶろうがりょうりをするとは…
え!?
1
2
1

こえにだして五回よもう

「耳」でできることば

耳元《みみもと》　耳鳴《みみな》り

初耳《はつみみ》　耳鼻科《じびか》

空耳《そらみみ》　中耳炎《ちゅうじえん》

耳目《じもく》　耳《みみ》かき

「耳《みみ》に入《はい》る」はきこえてくること、「耳《みみ》がいたい」はききたくないといういみだね。

カレーにちょうせんだ！
だいじょうぶなのか？
かあちゃんはしっているのか？
つくるぞう！!

2

【くんよみ】むし

【おんよみ】チュウ

こえにだしてなぞってみよう

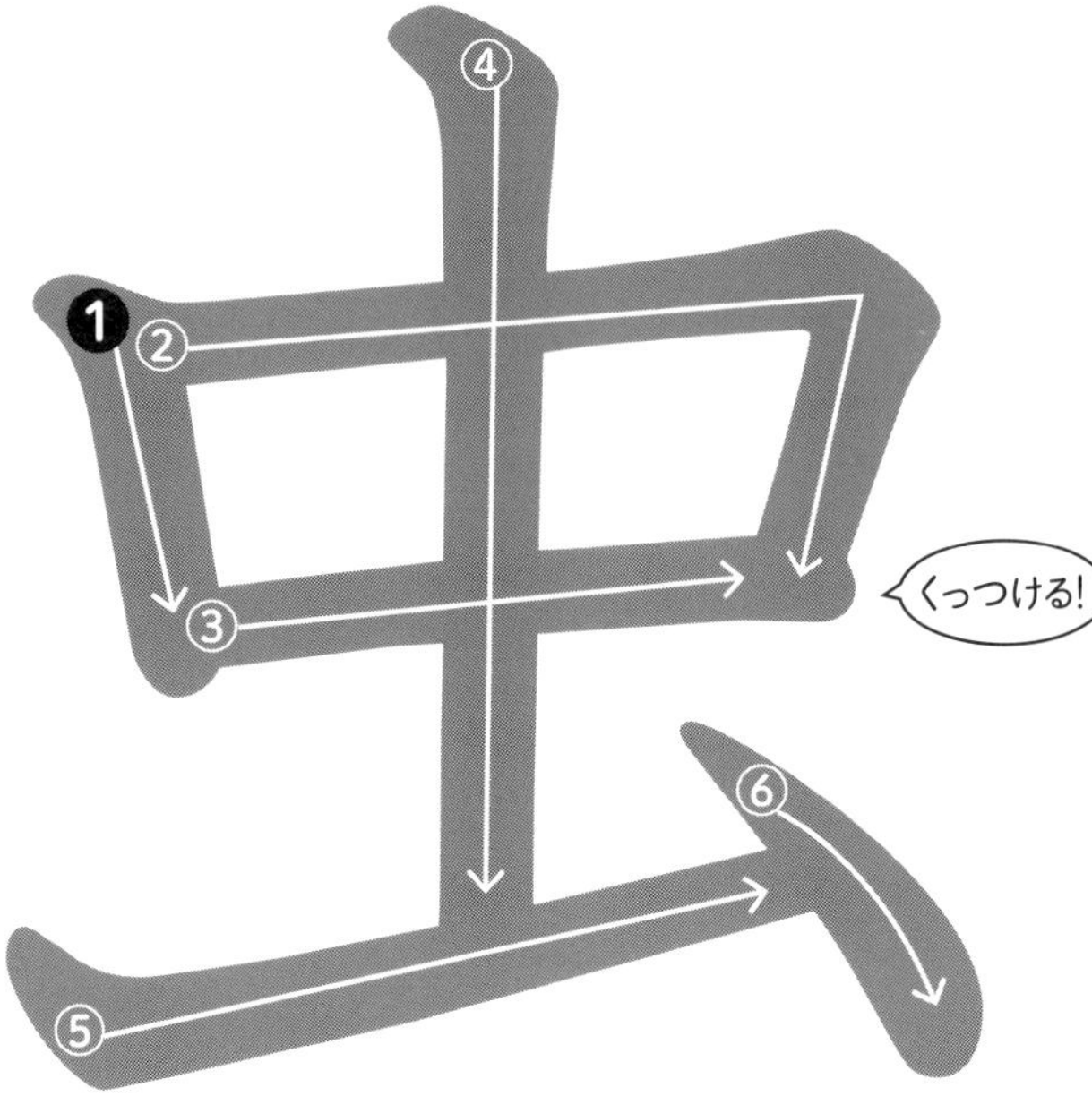

1
2
3
4
5
6
くっつける!

おなかすいた…
あっ!はらの虫《むし》がないた!
グ〜
こくご
上

1

こえに
だして
五回
よもう

「虫」でできることば

毛虫《けむし》　昆虫《こんちゅう》

苦虫《にがむし》　黄金虫《こがねむし》

虫歯《むしば》　なき虫《むし》

回虫《かいちゅう》　虫《むし》ぼし

「蛍《ほたる》」「蛇《へび》」「蚊《か》」「蟬《せみ》」など、「虫《むし》」のつく漢字《かんじ》はたくさんあるよ！

2

コラム③

漢字《かんじ》は勉強《べんきょう》ぜんぶにひつよう

もんだいがよめないと、とけない！

学校《がっこう》では、国語《こくご》・算数《さんすう》・体育《たいいく》・音楽《おんがく》・道徳《どうとく》など、いろいろなじゅぎょうがあるね。

漢字《かんじ》をならうのは国語《こくご》だけど、漢字《かんじ》がひつようなのは国語《こくご》だけじゃないよ。

「車《くるま》ででかけました。九時《くじ》に家《いえ》をでて、じそく三十《さんじっ》キロで走《はし》ると、おばあちゃんの家《いえ》につくのは何時《なんじ》になるでしょう」

これは算数《さんすう》のもんだい文《ぶん》。けいさんができても、もんだい文《ぶん》の漢字《かんじ》がよめなかったら、正《ただ》しいこたえをだすことができないね。

音楽《おんがく》も、歌詞《かし》がよめなければうたえないし、えいごをべんきょうするときも、えいたんごをおぼえたり、やくしたりするときに漢字《かんじ》がひつようになってくるよ。

とにかく、勉強《べんきょう》するためには漢字《かんじ》はぜったいにひつようなんだ。

もし、ほかのじゅぎょうで、まだならっていない漢字《かんじ》がでてきたら、そのときにその漢字《かんじ》をおぼえてしまおう。

町《まち》は漢字《かんじ》であふれている

きみのまわりをよくみてごらん。いろいろなところに漢字《かんじ》があるよね。もしかしたら、いままではそれが字《じ》にはみえなかったかもしれないけれど、漢字《かんじ》を学《まな》んだら、みのまわりは漢字《かんじ》だらけだ、ということに気《き》がついたんじゃないかな。

学校《がっこう》の中《なか》は、職員室《しょくいんしつ》、体育館《たいいくかん》と部屋《へや》の名前《なまえ》が漢字《かんじ》でかかれているし、外《そと》にいけば、どうろひょうしきやバスのていりゅうじょ、ろせんずなど、ほとんどのじょうほうが漢字《かんじ》でかかれているよね。

もし、そこがしらないところでも、漢字《かんじ》がよめれば、家《いえ》に帰《かえ》るにはどのバスにのればいいかがわかるんだ。でも、漢字《かんじ》がよめなければ、不安《ふあん》になるね。

一年生《いちねんせい》でならう漢字《かんじ》は八十《はちじっ》こ。

まだ、ならっていない漢字《かんじ》のほうがあっとうてきに多《おお》い。

ならっていない漢字《かんじ》は、かけなくても、よむことができて、いみがわかれば、やくにたつよ。

この本《ほん》にでてくる漢字《かんじ》は六三八《ろっぴゃくさんじゅうはち》こ。これを、ぜんぶよめるようにするだけで、きみの目《め》にとびこんでくる漢字《かんじ》はいみをもつわけだから、いままでよりたくさんのじょうほうが入《はい》ってくることになるね。

それだけじゃない。

きみの耳《みみ》に入《はい》ってくることばは、頭《あたま》の中《なか》で漢字《かんじ》におきかえられるようになるよ。町《まち》をあるいているときに、「かじだー！」ときこえたら、「火事《かじ》」という漢字《かんじ》があたまにうかんで、もえる火《ひ》をイメージして、「なんだか熱《あつ》い」とおもうかもしれない。

たくさんの漢字《かんじ》を知《し》って、どんどん外《そと》に出《で》て、いろいろなたいけんをしてみよう。

【くんよみ】やす・む

【おんよみ】キュウ

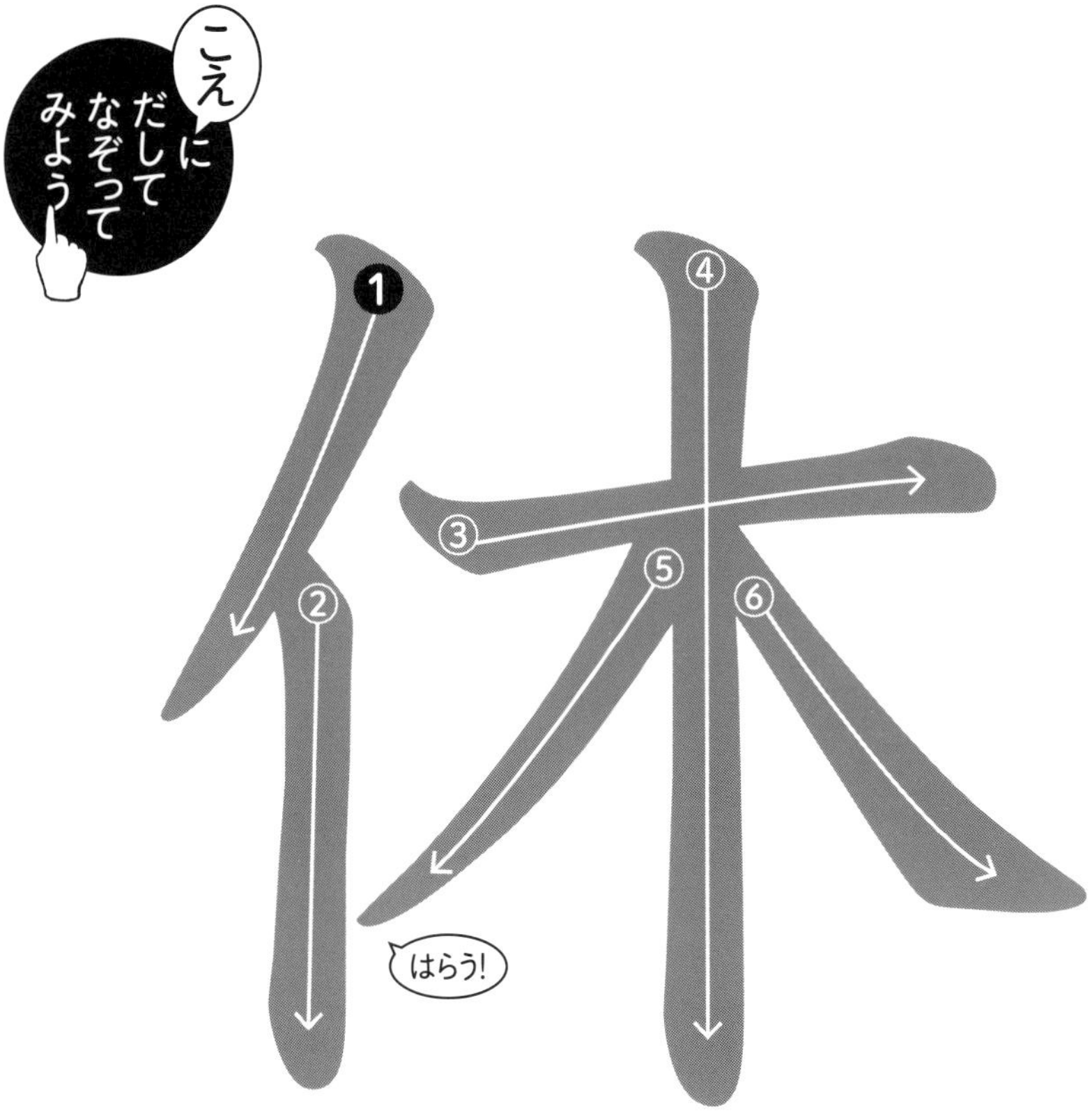
こえにだしてなぞってみよう
はらう!

まい日《にち》、きびしいじゅうどうのけいこ
えいー
やー
↑たくみくん
1

こえにだして五回よもう

「休」でできることば

休《きゅう》診《しん》　定《てい》休《きゅう》

連《れん》休《きゅう》　夏《なつ》休《やす》み

休《きゅう》校《こう》　昼《ひる》休《やす》み

休《きゅう》学《がく》　休《きゅう》火《か》山《ざん》

この字《じ》は、人《ひと》が木《き》のかげで休《やす》むということからできたというせつもあるよ。

たまには
一休《ひとやす》みしないとね!

2

こえにだしてなぞってみよう

【くんよみ】あか、あか・い

【おんよみ】セキ

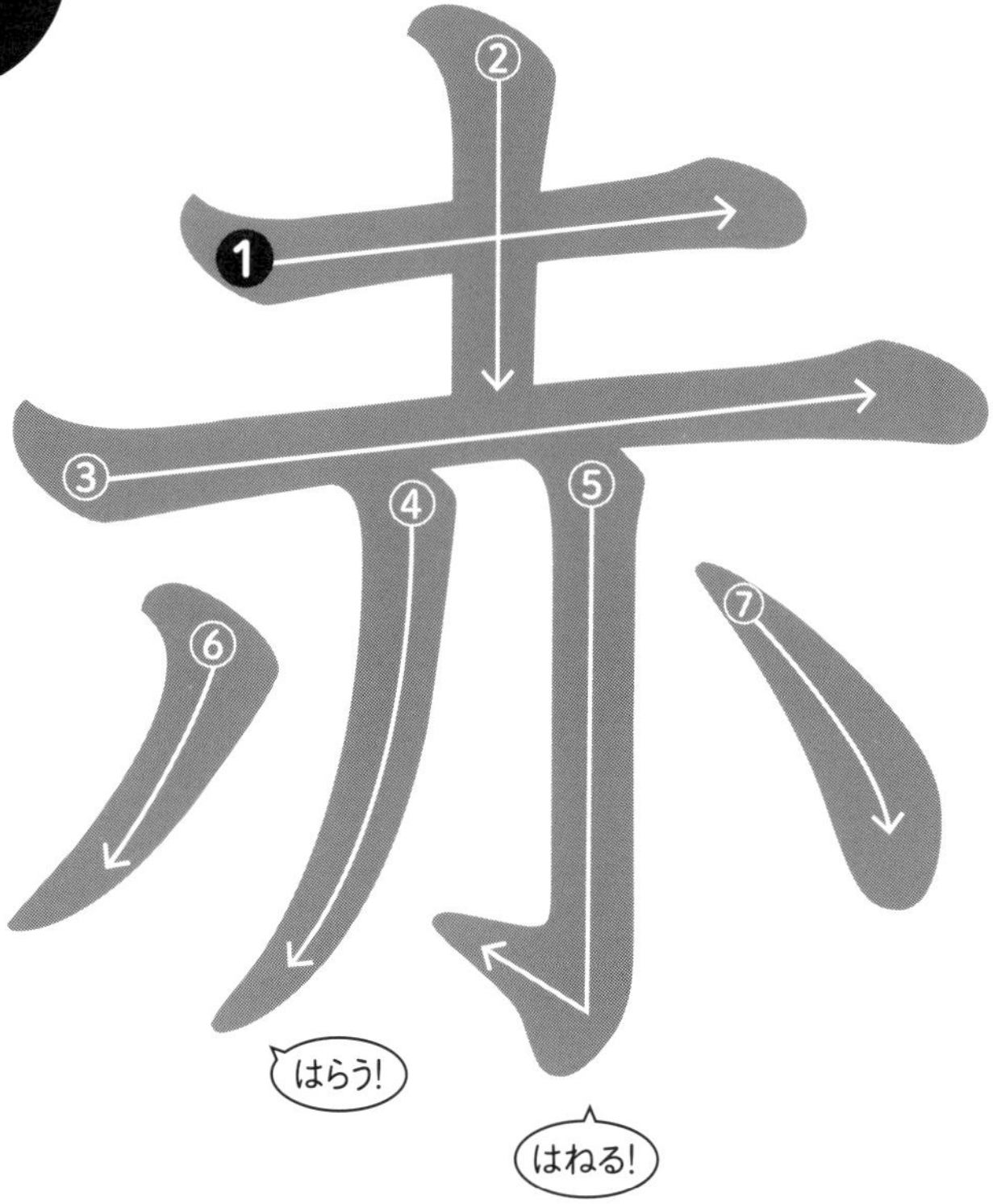
はらう!
はねる!

ママーッ! 先生《せんせい》に赤《あか》くて大《おお》きなお花《はな》もらったよ
チューリップかな!?
一年生《いちねんせい》
1

こえにだして五回よもう

「赤」でできることば

赤《あか》字《じ》

赤《せき》飯《はん》

赤《あか》土《つち》

赤《せき》外《がい》線《せん》

赤《せき》道《どう》

赤《あか》信《しん》号《ごう》

赤《せき》面《めん》

赤《せき》十《じゅう》字《じ》

生《う》まれたての子《こ》は赤《あか》いいろをしているから「赤《あか》ちゃん」というせつもあるよ。

まあ! 大《おお》きな花《はな》まる! すごいっ!
テストのことね!
すごいでしょ!
へへへ
テスト 100

2

【くんよみ】あし、た・す、た・りる

【おんよみ】ソク

こえにだしてなぞってみよう

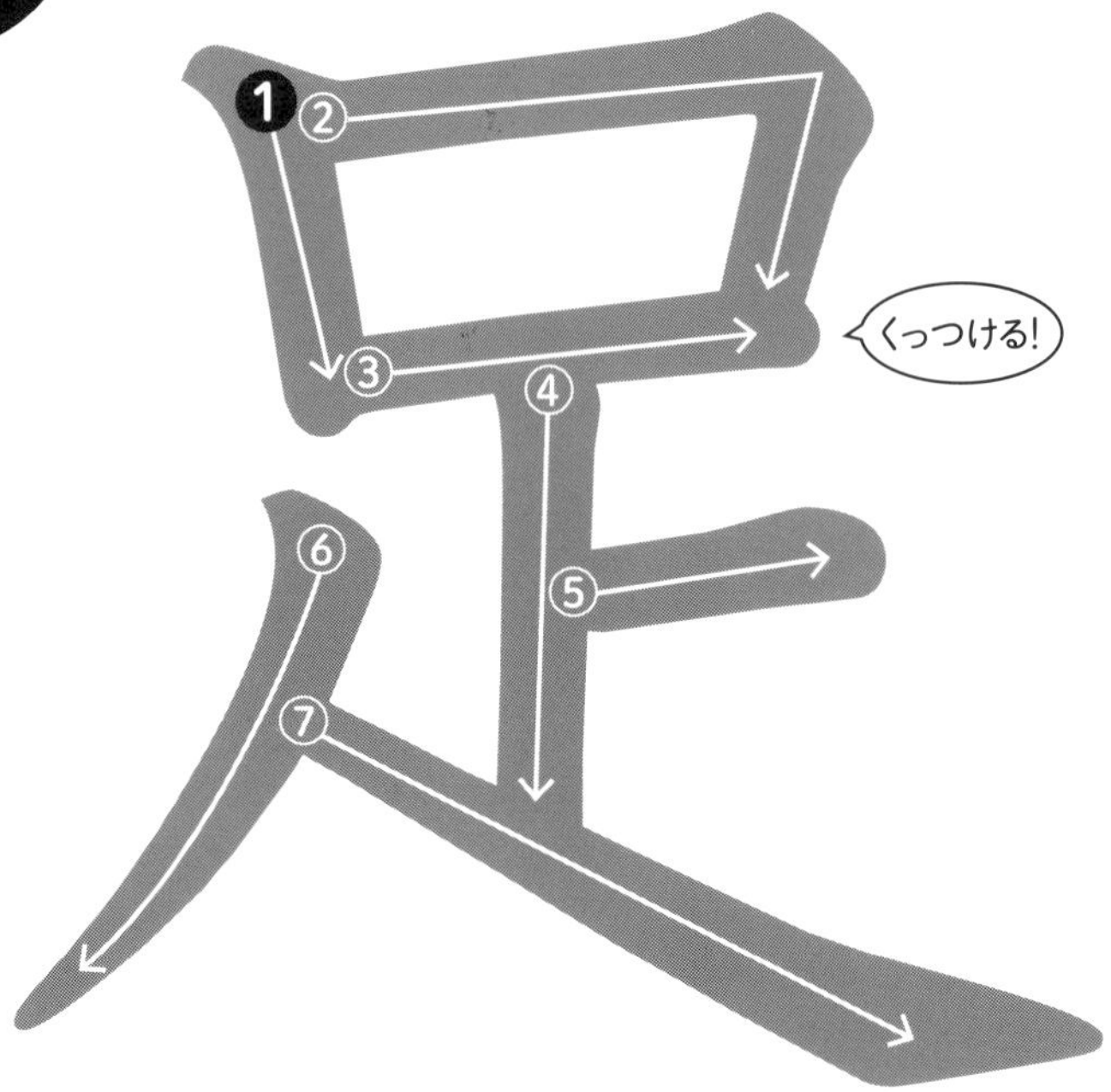
くっつける!

足《あし》をけがしたあ!ほけんしつにつれてってえ
だいじょうぶ?

1

こえにだして五回よもう

「足」でできることば

足音《あしおと》　不足《ふそく》

足首《あしくび》　満足《まんぞく》

前足《まえあし》　土足《どそく》

遠足《えんそく》　足《た》し算《ざん》

「足《あし》が出《で》る」「足《あし》が早《はや》い」「あげ足《あし》をとる」など、「足《あし》」を使《つか》ったことばをさがしてみよう！

【くんよみ】おとこ

【おんよみ】ダン、ナン

こえにだしてなぞってみよう

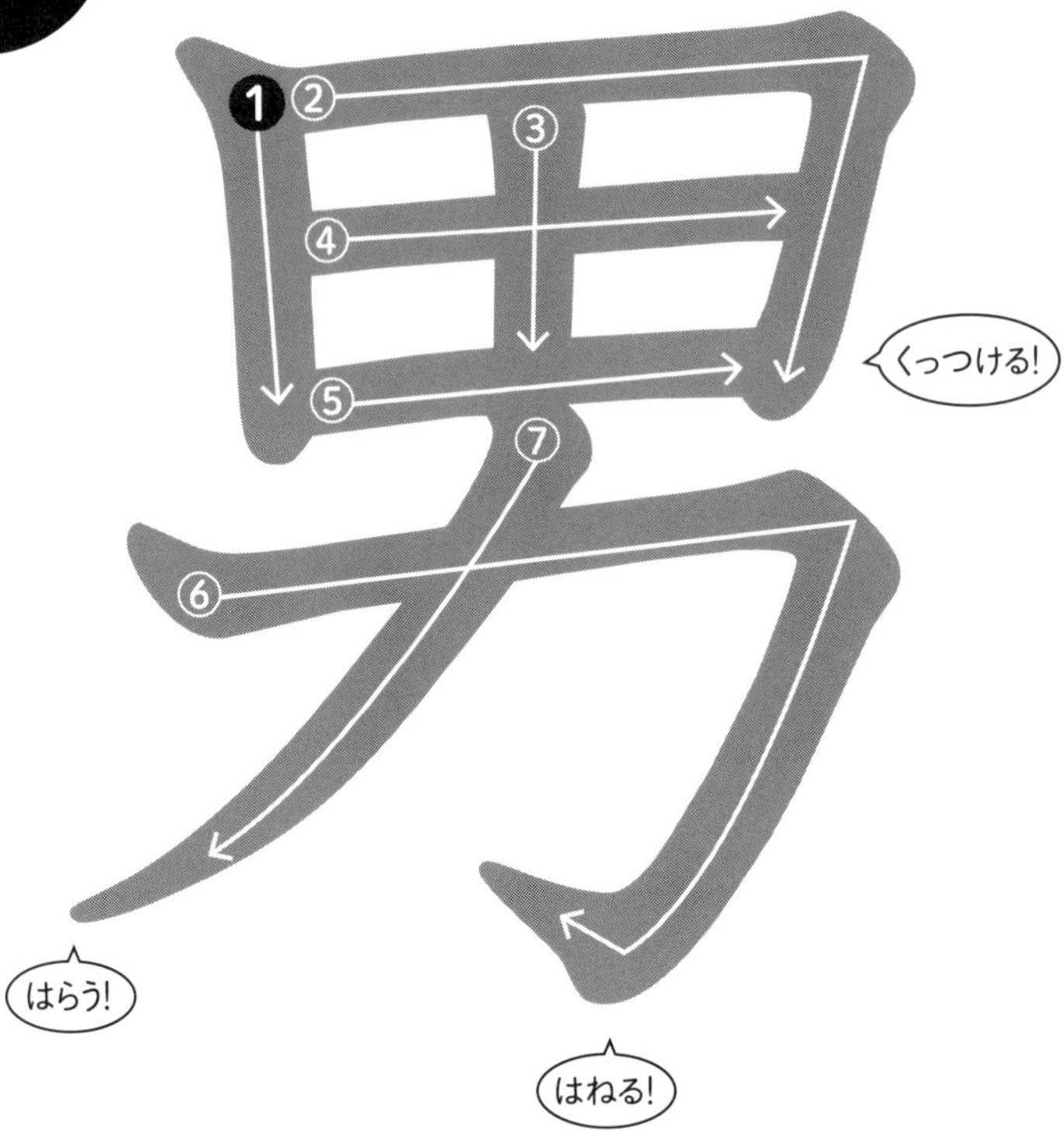
1
2
3
4
5
6
7
くっつける!
はらう!
はねる!

あっ!さっきの
上級生《じょうきゅうせい》の
おにいさんだ!
1

こえにだして五回よもう

「男」でできることば

大《おお》男《おとこ》　長《ちょう》男《なん》

男《おとこ》前《まえ》　次《じ》男《なん》

男《だん》性《せい》　男《だん》児《じ》

男《だん》女《じょ》　男《おとこ》の子《こ》

「田《た》んぼで力《ちから》をだすのが男《おとこ》」とおぼえるといいよ！

2

こえにだしてなぞってみよう

【くんよみ】かい

【おんよみ】

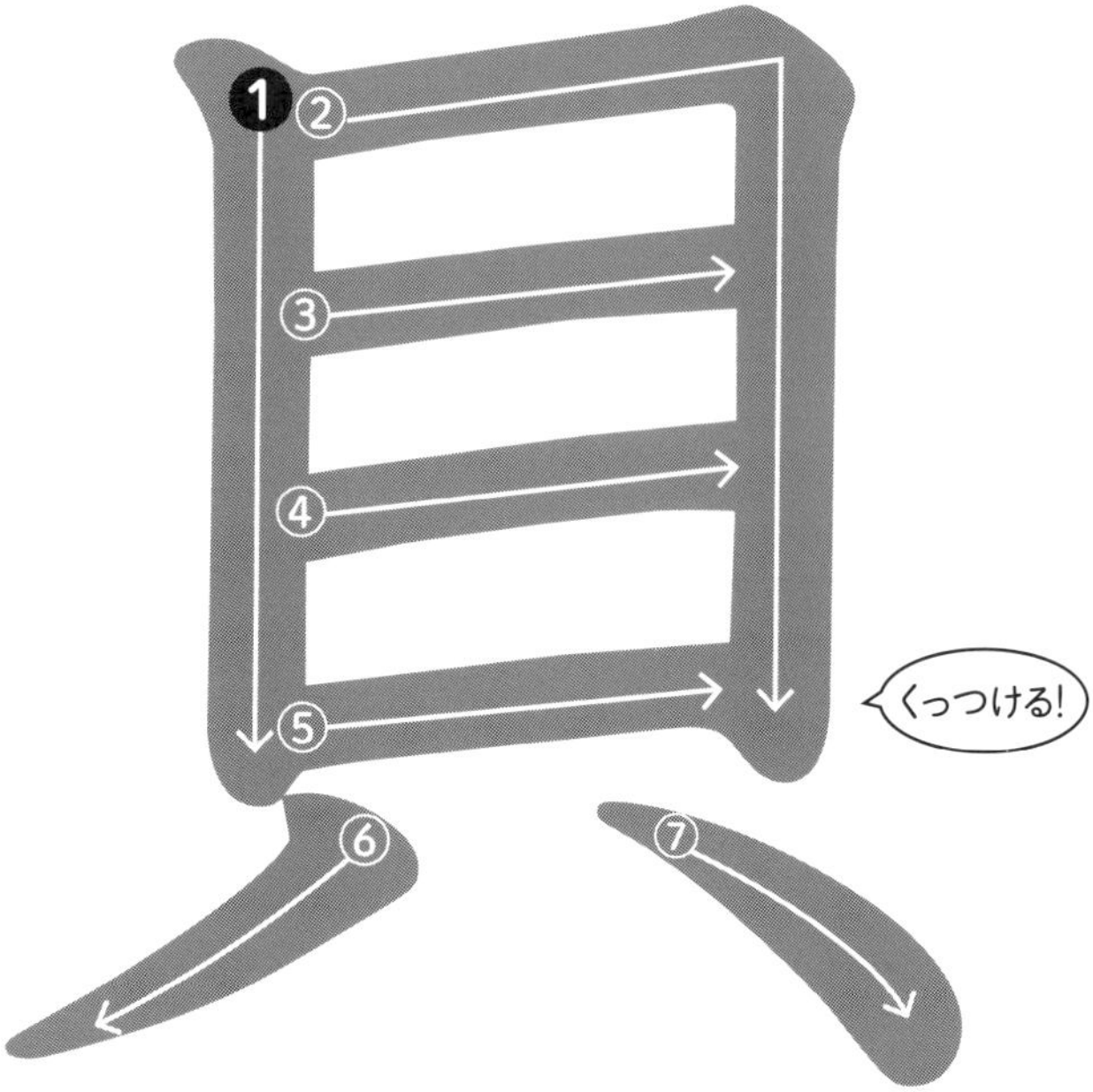

くっつける!

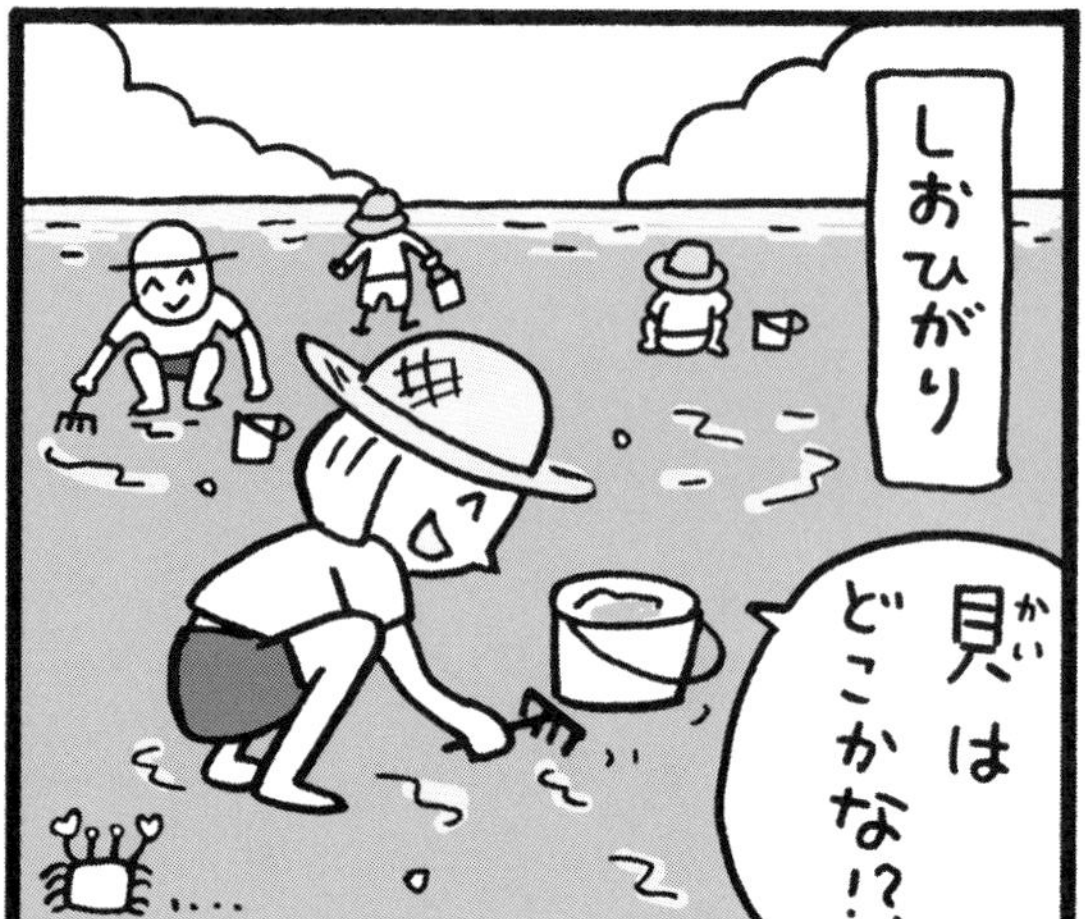

しおひがり
貝《かい》はどこかな!?

1

こえに
だして
五回
よもう

「貝」でできることば

貝柱《かいばしら》
二枚貝《にまいがい》
赤貝《あかがい》
ほら貝《がい》
貝塚《かいづか》
貝細工《かいざいく》
貝殻《かいがら》
帆立貝《ほたてがい》

「貝《かい》のように」は、ぴったりと口《くち》をとざすという
いみでつかわれるよ。

2

こえにだしてなぞってみよう

【くんよみ】くるま

【おんよみ】シャ

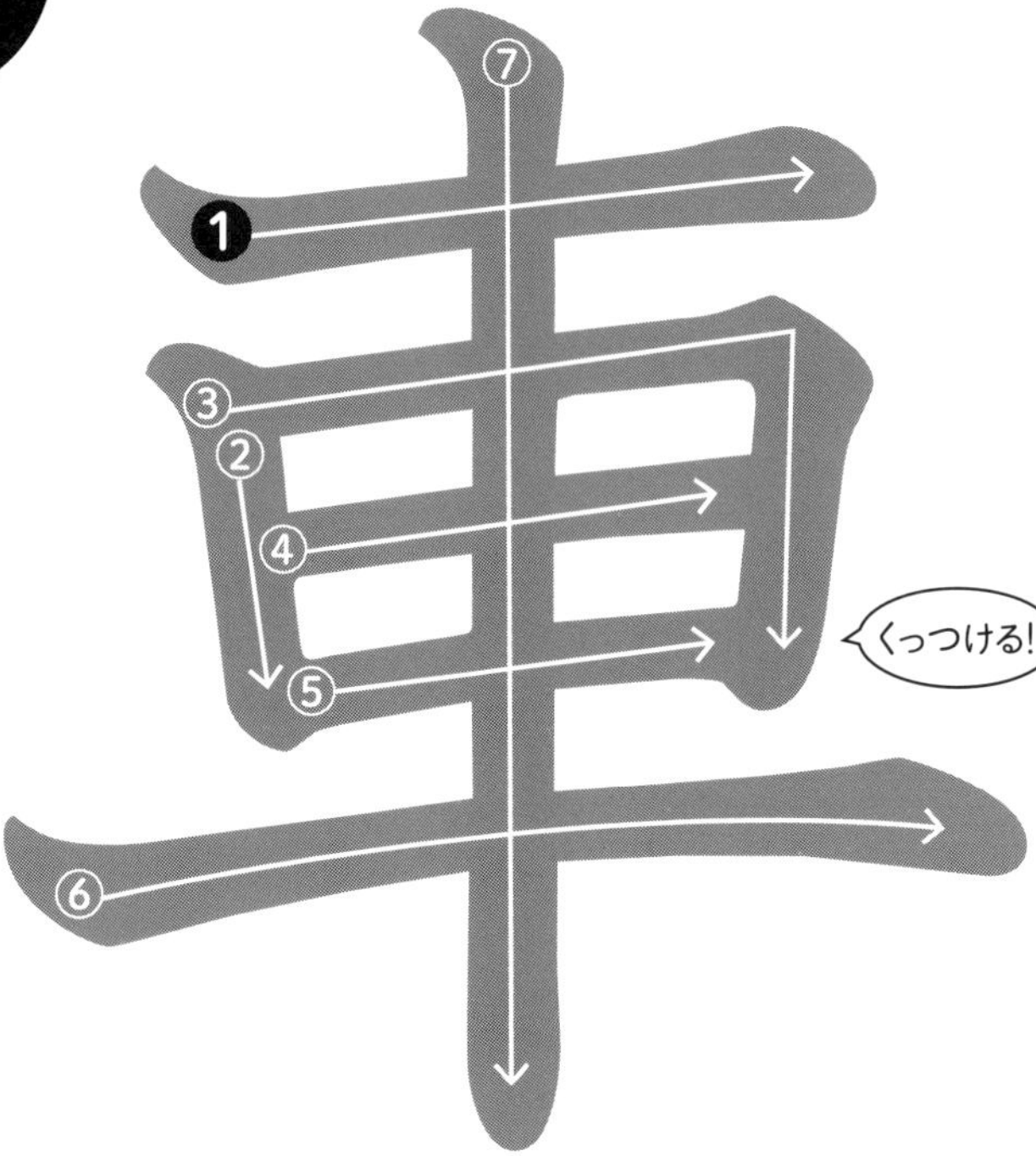

くっつける!

ハーイ
ハーイ
ハーイ
おまえたち! おとうちゃんの車《くるま》にのれっ!!
1

こえにだして五回よもう

「車」でできることば

水《すい》車《しゃ》

車《しゃ》輪《りん》

風《ふう》車《しゃ》

馬《ば》車《しゃ》

車《くるま》座《ざ》

三《さん》輪《りん》車《しゃ》

電《でん》車《しゃ》

自《じ》動《どう》車《しゃ》

この字《じ》は、車《しゃ》りんがふたつあった、むかしの車《くるま》のかたちだよ。

しゅっぱあっ!
かっこいい!
ワー
すごい!
ワー
おっ! ノコギリじどう車《しゃ》!
2

【くんよみ】はな

【おんよみ】カ

こえにだしてなぞってみよう
花
はねる!

学校《がっこう》の花《か》だんに花《はな》のたねをまこう!
わー
1

こえにだして五回よもう

「花」でできることば

花火《はなび》　花粉《かふん》

花屋《はなや》　花嫁《はなよめ》

花見《はなみ》　花びら《はなびら》

開花《かいか》　花曇り《はなぐもり》

「花嫁《はなよめ》」は、花《はな》のようにきれいなお嫁《よめ》さんといういみだね。

花《はな》より、トマトやキュウリがいいなあ…
トマトやキュウリにも花《はな》はちゃんとさくぞ！
えー!?

2

こえにだしてなぞってみよう

【くんよみ】まち

【おんよみ】チョウ

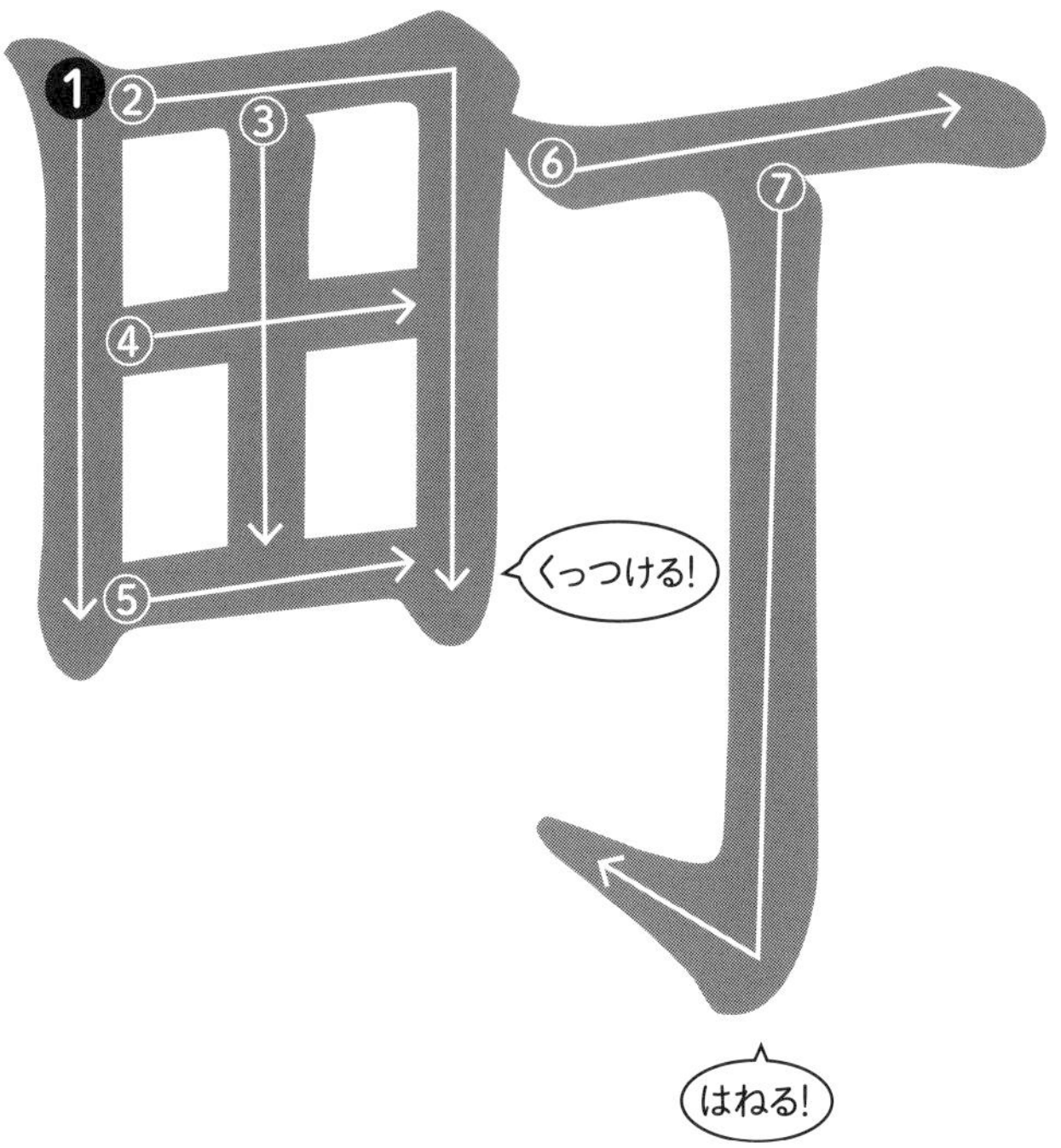

町
くっつける!
はねる!

町《まち》で一《いち》ばんの力《ちから》もちは?
うーん
たくみかな?
あっ
1

こえにだして五回よもう

「町」でできることば

町角《まちかど》　町長《ちょうちょう》

港町《みなとまち》　市町村《しちょうそん》

下町《したまち》　町工場《まちこうば》

町内《ちょうない》　城下町《じょうかまち》

田《た》んぼやはたけをくぎる、あぜみちをあらわした漢字《かんじ》だよ。

山田《やまだ》さんをわすれていた…
百円《ひゃくえん》みっけ!
ヒョイ
たしかに…
2

こえに
だして
なぞって
みよう

【くんよみ】み・る

【おんよみ】ケン

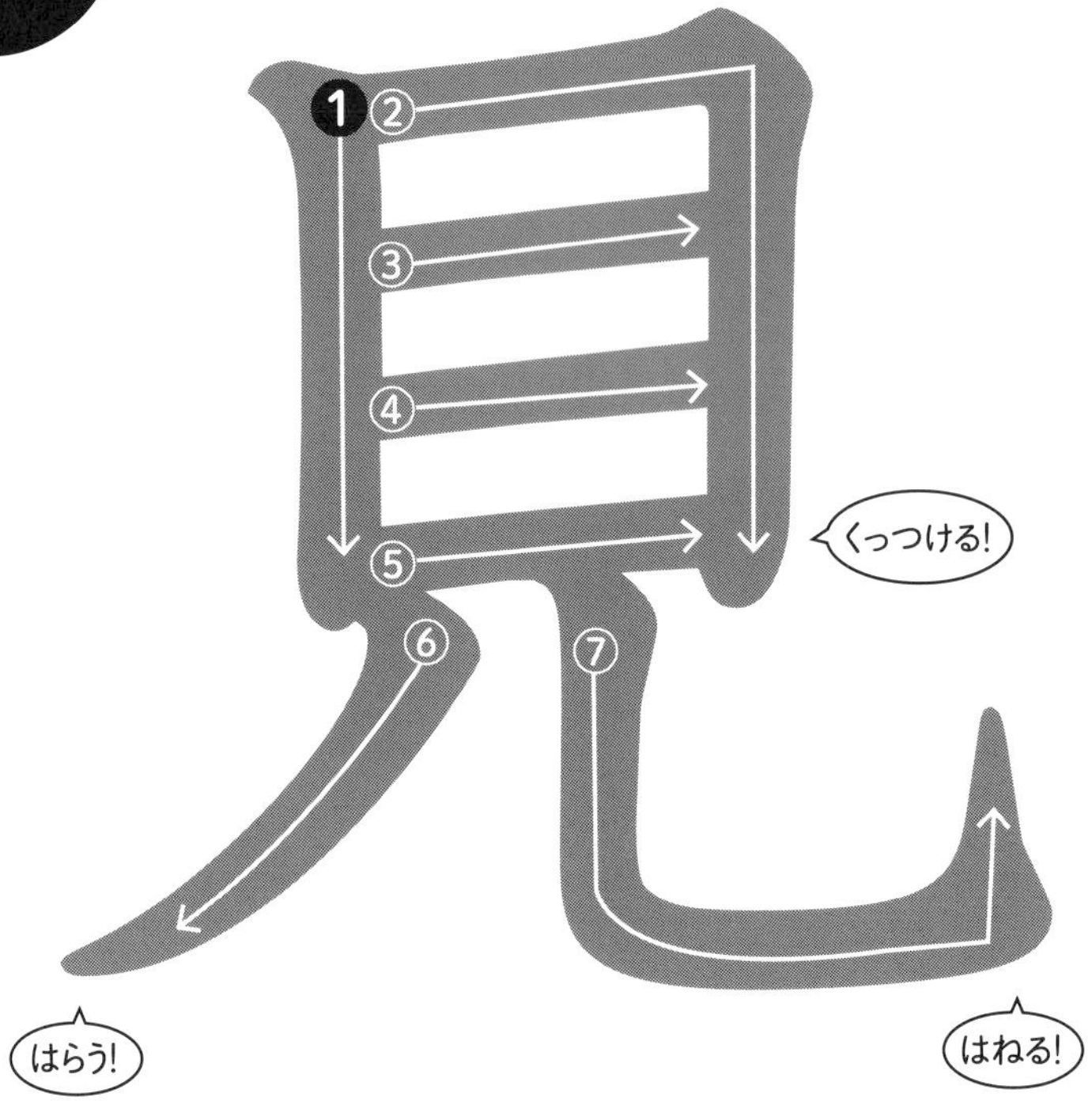

見
1
2
3
4
5
6
7
くっつける!
はらう!
はねる!

さきちゃんは、ケガで見学《けんがく》です。
1

こえにだして五回よもう

「見」でできることば

見本《みほん》　見聞《けんぶん》

見事《みごと》　外見《がいけん》

見学《けんがく》　見世物《みせもの》

先見《せんけん》　見出し《みだし》

「見《み》下《お》ろす」「見《み》上《あ》げる」「見《み》分《わ》ける」など、「見《み》」をつかったことばをさがしてみよう！

コラー！よそ見《み》をするなあ！
ドン

2

こえにだしてなぞってみよう

【くんよみ】むら

【おんよみ】ソン

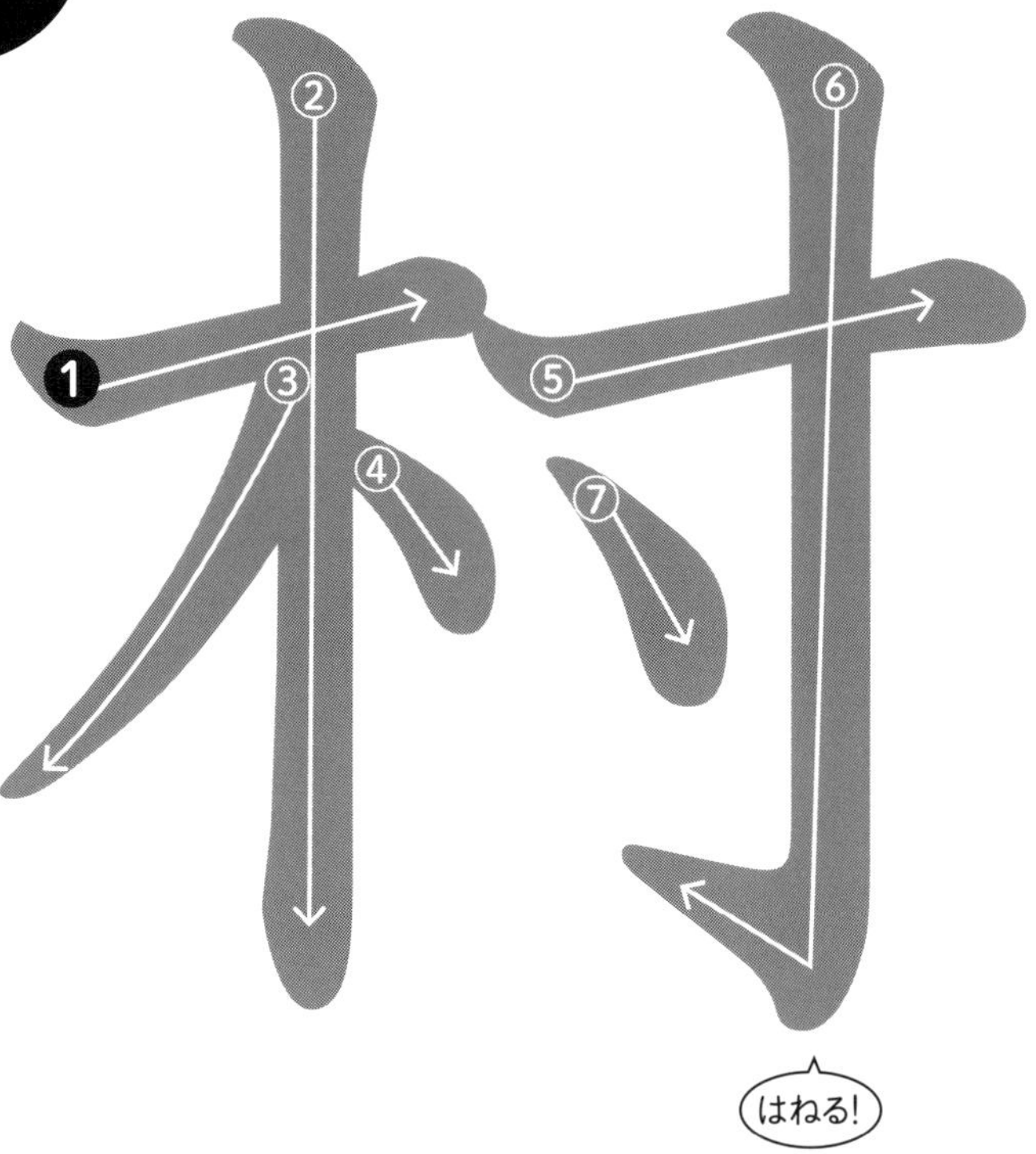

はねる!

おじいちゃんがすんでいる村《むら》についたぞ
キェー
トー
なんのこえ?

1

こえにだして五回よもう

「村」でできることば

村《むら》人《びと》　山《さん》村《そん》

村《むら》里《ざと》　漁《ぎょ》村《そん》

村《そん》長《ちょう》　村《むら》祭《まつ》り

農《のう》村《そん》　村《むら》役《やく》場《ば》

「村田《むらた》」「山村《やまむら》」など、みょうじにもよくつかわれる漢字《かんじ》だね。クラスにいるかな？

トー
キェー
まっておったぞ
たくみ！
とっくんじゃっ！
ものすごくじゅうどうがつよい
"おじいちゃん"
2

【くんよみ】あお、あお・い

【おんよみ】セイ

こえにだしてなぞってみよう

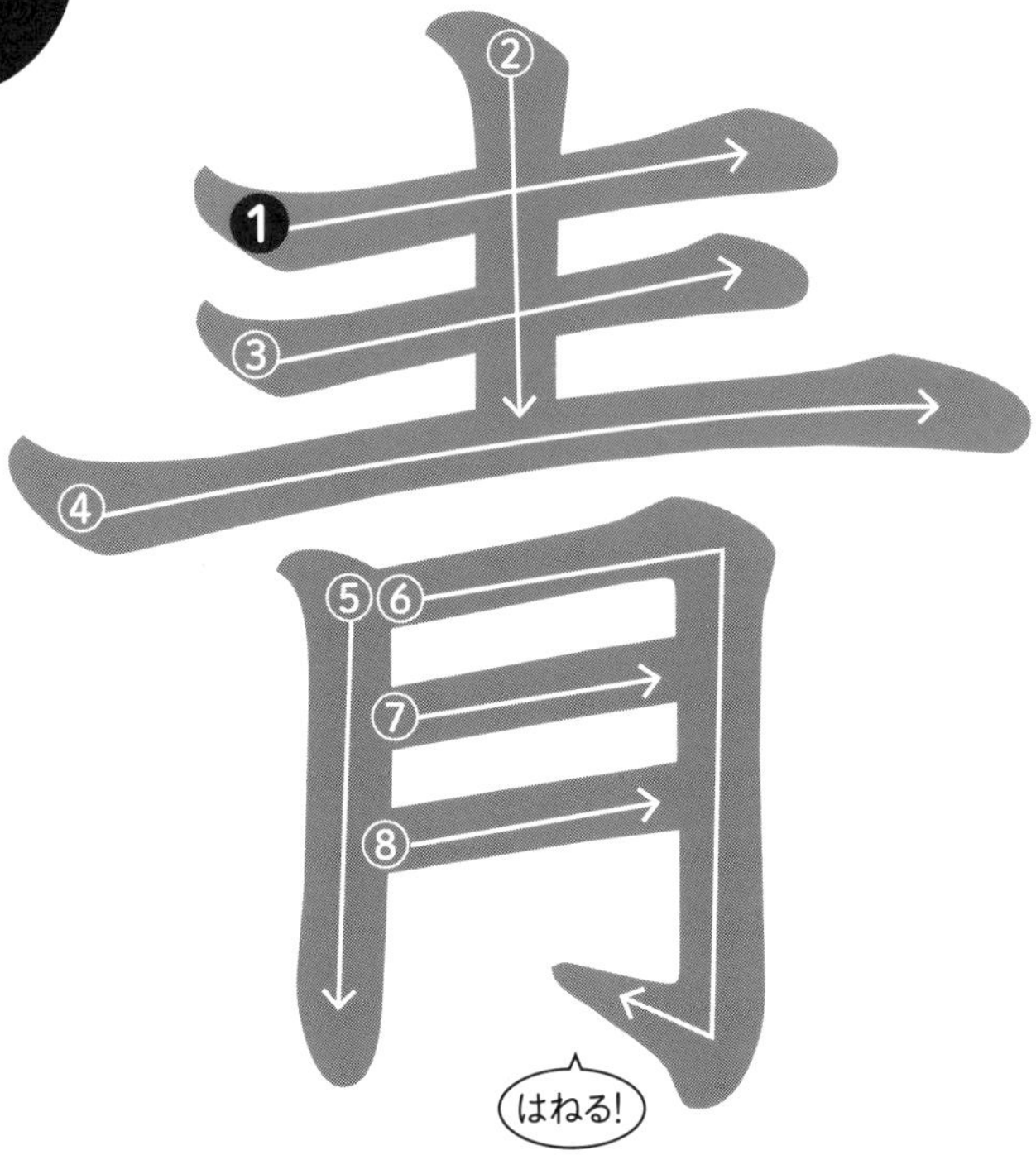

1

こえにだして五回よもう

「青」でできることば

青空《あおぞら》

青春《せいしゅん》

青虫《あおむし》

青少年《せいしょうねん》

群青《ぐんじょう》

青信号《あおしんごう》

青年《せいねん》

青《あお》い鳥《とり》

「青《あお》」には「わかい」とか「みじゅく」という
いみがあるよ。

サメ…
まっ青《さお》なかお…
どうも。

2

こえにだしてなぞってみよう

【くんよみ】あめ、あま

【おんよみ】ウ

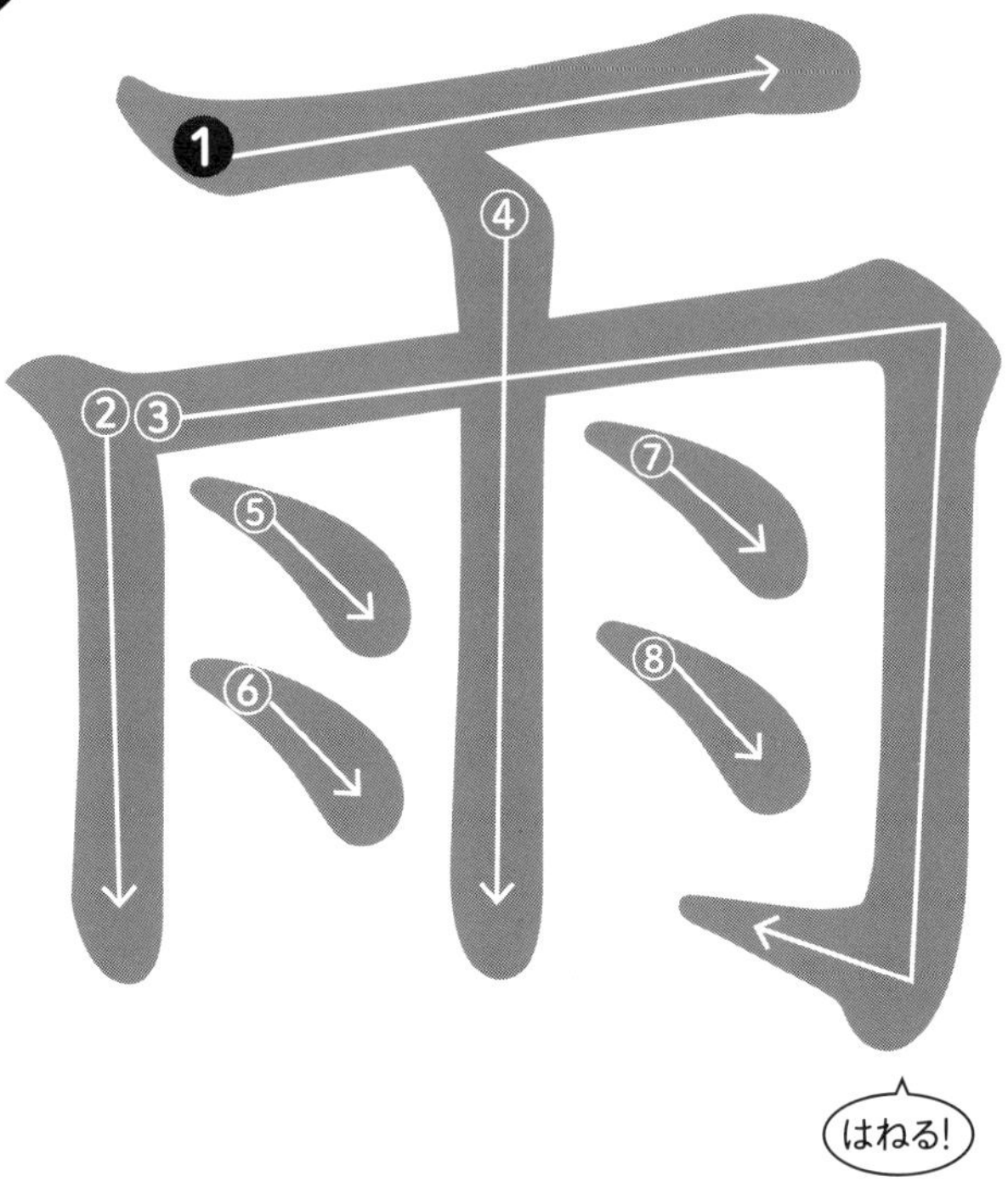

はねる!

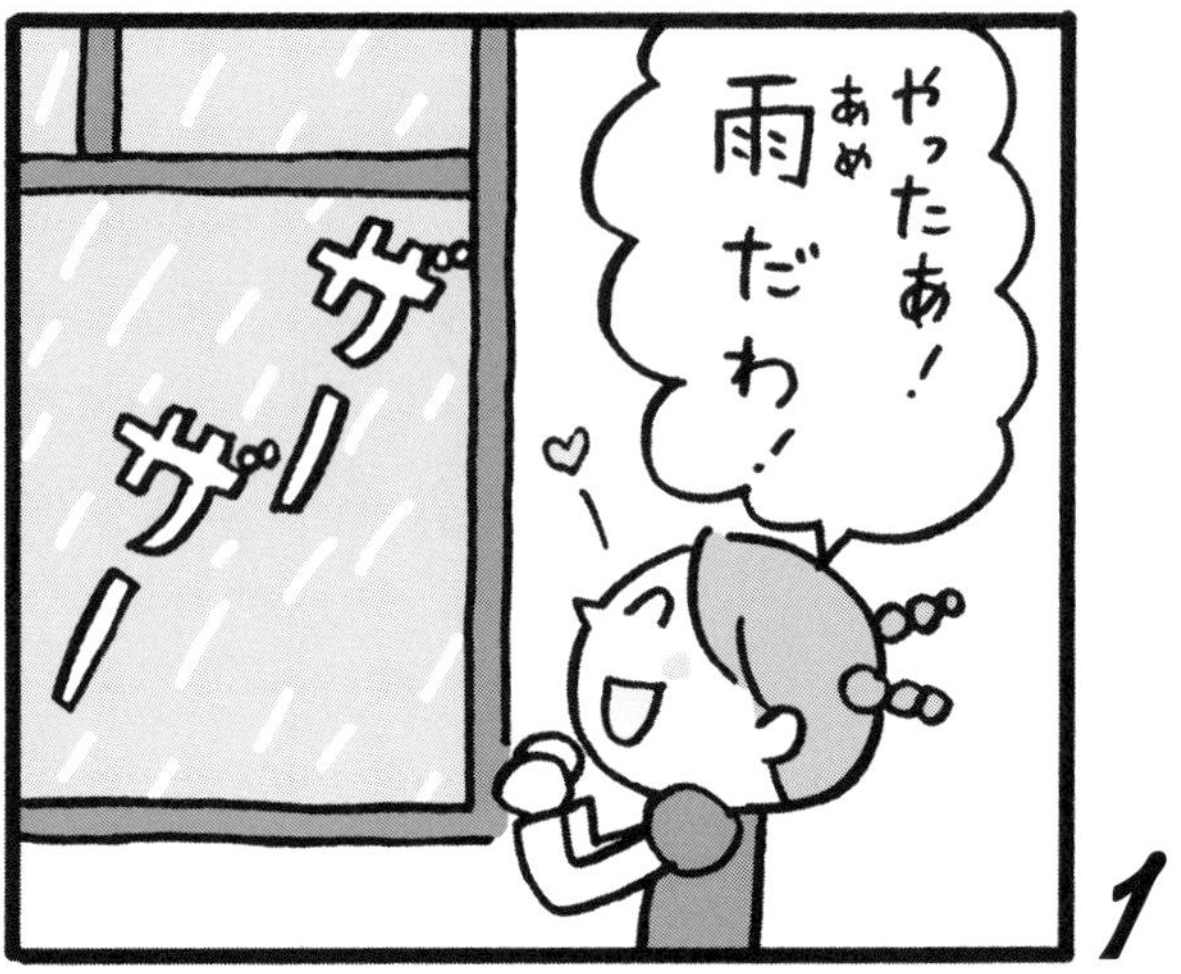

やったあ! 雨《あめ》だわ!!
ザーザー
1

こえにだして五回よもう

「雨」でできることば

雨風《あめかぜ》　雨後《うご》

大雨《おおあめ》　雨量《うりょう》

雨水《あまみず》　雨降《あめふ》り

雨雲《あまぐも》　雨宿《あまやど》り

「梅雨」は、「つゆ」とも「ばいう」ともよむよ。
「秋雨」は「あきさめ」とよむんだよ。

♪
やっと、あたらしいかさとながぐつがつかえてうれしい♡
2

【くんよみ】かね、かな

【おんよみ】キン、コン

こえにだしてなぞってみよう

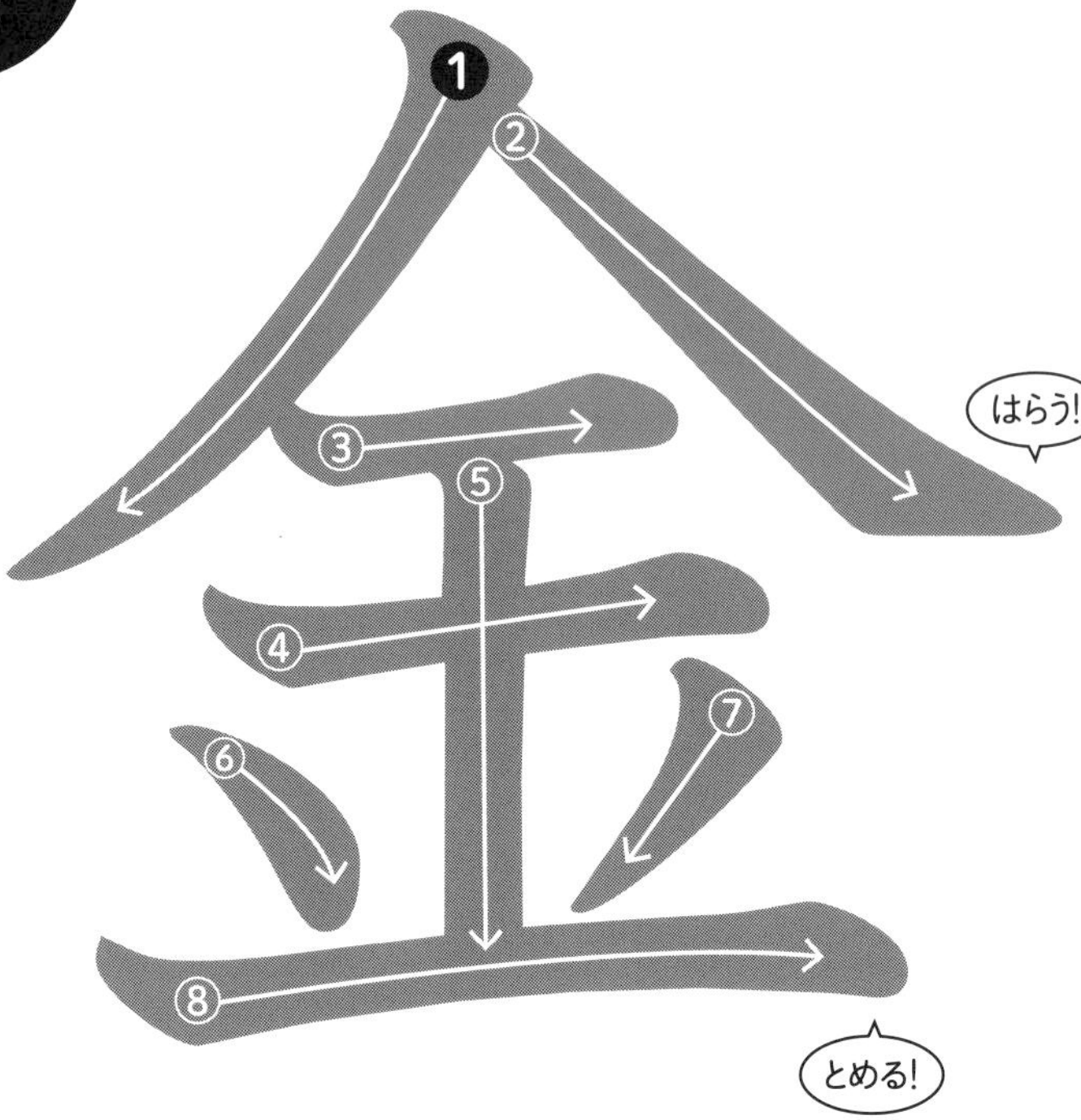

1
2
3
4
5
6
7
8
はらう!
とめる!

ズバリ! しょうらいの「ゆめ」は?
オリンピックで金《きん》メダルをとることです!!

1

こえにだして五回よもう

「金」でできることば

金目《かねめ》　大金《たいきん》

小金《こがね》　金物《かなもの》

金具《かなぐ》　金持《かねも》ち

金色《きんいろ》　金回《かねまわ》り

金《きん》メダル、銀《ぎん》メダル、銅《どう》メダル、ぜんぶ「金《きん》」がつくね。

おれのゆめはお金《かね》もちになって…
きいてないから！
…
2

【くんよみ】そら、から、あ・く

【おんよみ】クウ

こえにだしてなぞってみよう

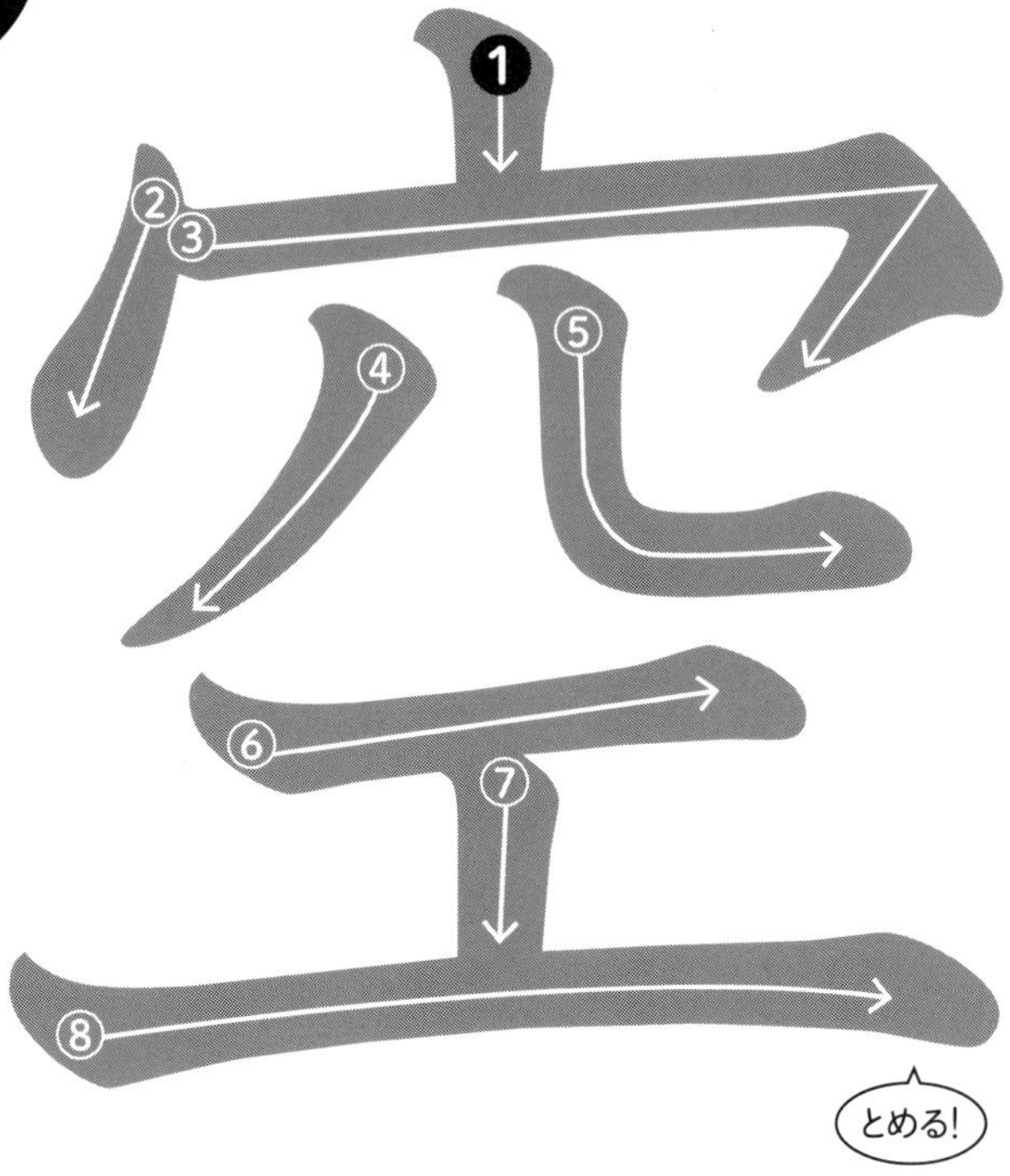

1
2
3
4
5
6
7
8
とめる!

空《そら》を見《み》ていたらパイロットになりたいとおもった。

1

こえにだして五回よもう

「空」でできることば

空《そら》色《いろ》　空《くう》港《こう》

雪《ゆき》空《ぞら》　曇《くも》り空《ぞら》

空《くう》車《しゃ》　空《から》っぽ

上《じょう》空《くう》　空《あ》き地《ち》

血《ち》がつながっていないのに顔《かお》がそっくりなことを「他人《たにん》の空似《そらに》」というよ。

空《そら》を見《み》ていたら
パンがたべたい
とおもった。
ふわふわだ…

2

こえにだしてなぞってみよう

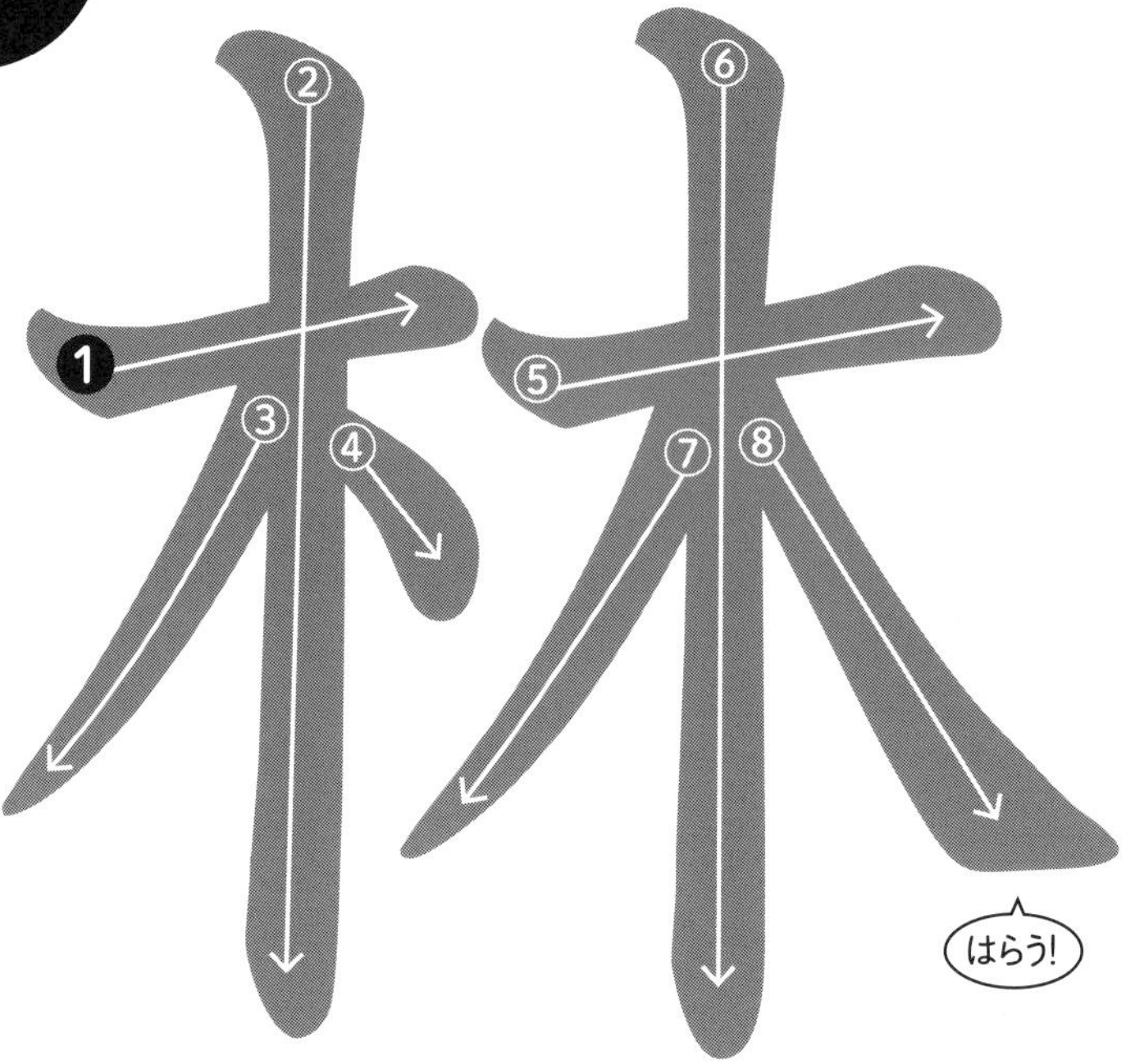
はらう!

【くんよみ】はやし

【おんよみ】リン

おにいちゃん! 林間学校《りんかんがっこう》ってなに?

1

こえにだして五回よもう

「林」でできることば

松林《まつばやし》　竹林《たけばやし》

山林《さんりん》　林立《りんりつ》

林道《りんどう》　雑木林《ぞうきばやし》

林間《りんかん》　原始林《げんしりん》

「林立《りんりつ》」は、林《はやし》のようにたくさんならんでいるといういみだよ。

五年生《ごねんせい》くらいになると、みんなで山《やま》にいって、とまるんだぞ！
ごはんをつくったりキャンプファイヤーをしたりするぞ
たのしそう〜

2

こえにだしてなぞってみよう

【くんよみ】まな・ぶ

【おんよみ】ガク

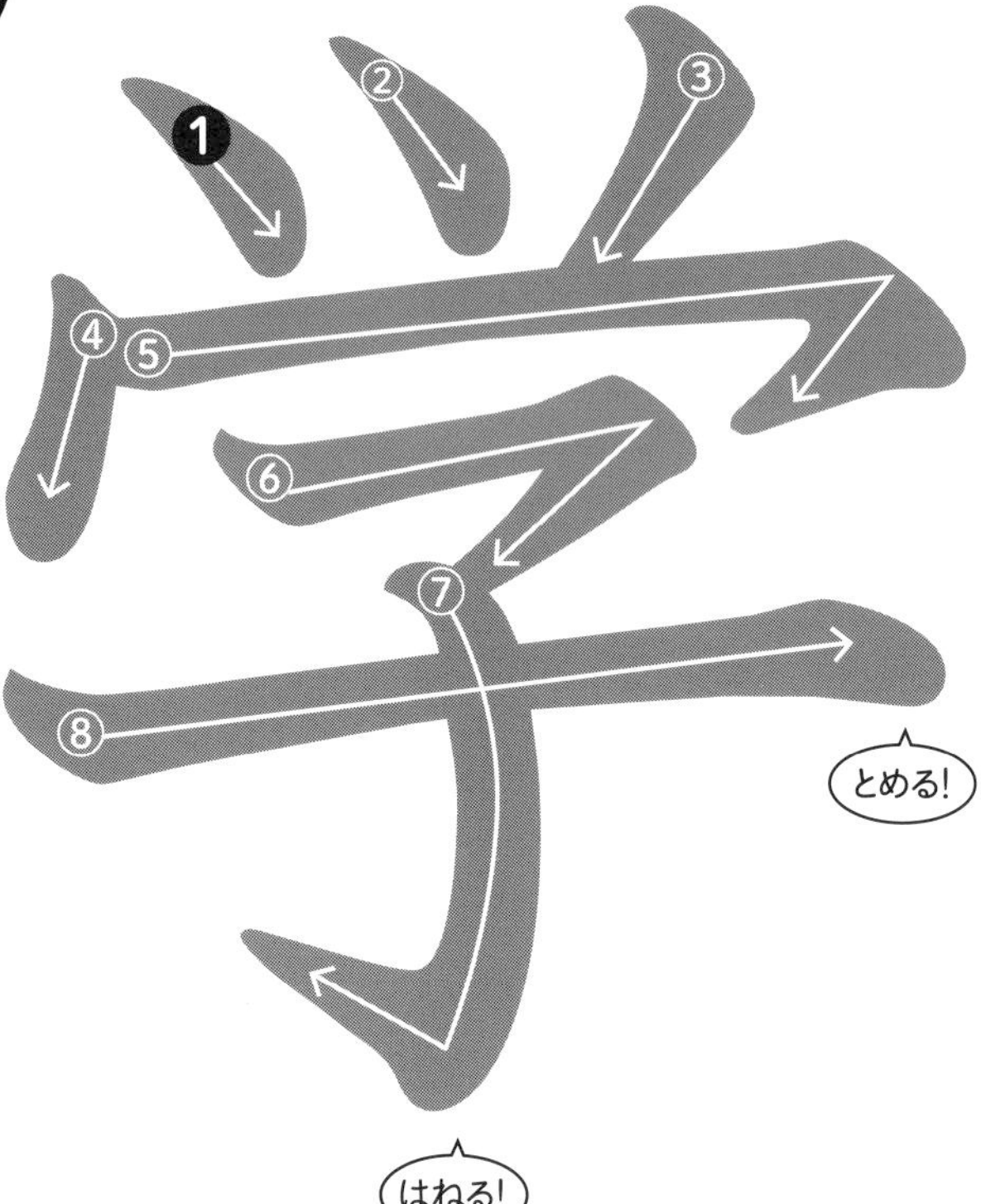

1
2
3
4
5
6
7
8
とめる!
はねる!

学校《がっこう》はこくごやさんすうを学《まな》べて大《だい》すき♡
・・・
1

こえにだして五回よもう

「学」でできることば

学校《がっこう》

学問《がくもん》

医学《いがく》

学用品《がくようひん》

数学《すうがく》

学《まな》びや

学期《がっき》

学芸会《がくげいかい》

いろいろなことを学《まな》ぶと、自信《じしん》がついて
成長《せいちょう》できるよ。

学校《がっこう》はきゅうしょくがあるから大《だい》すき♡
2

こえにだしてなぞってみよう

【くんよみ】おと、ね

【おんよみ】オン、イン

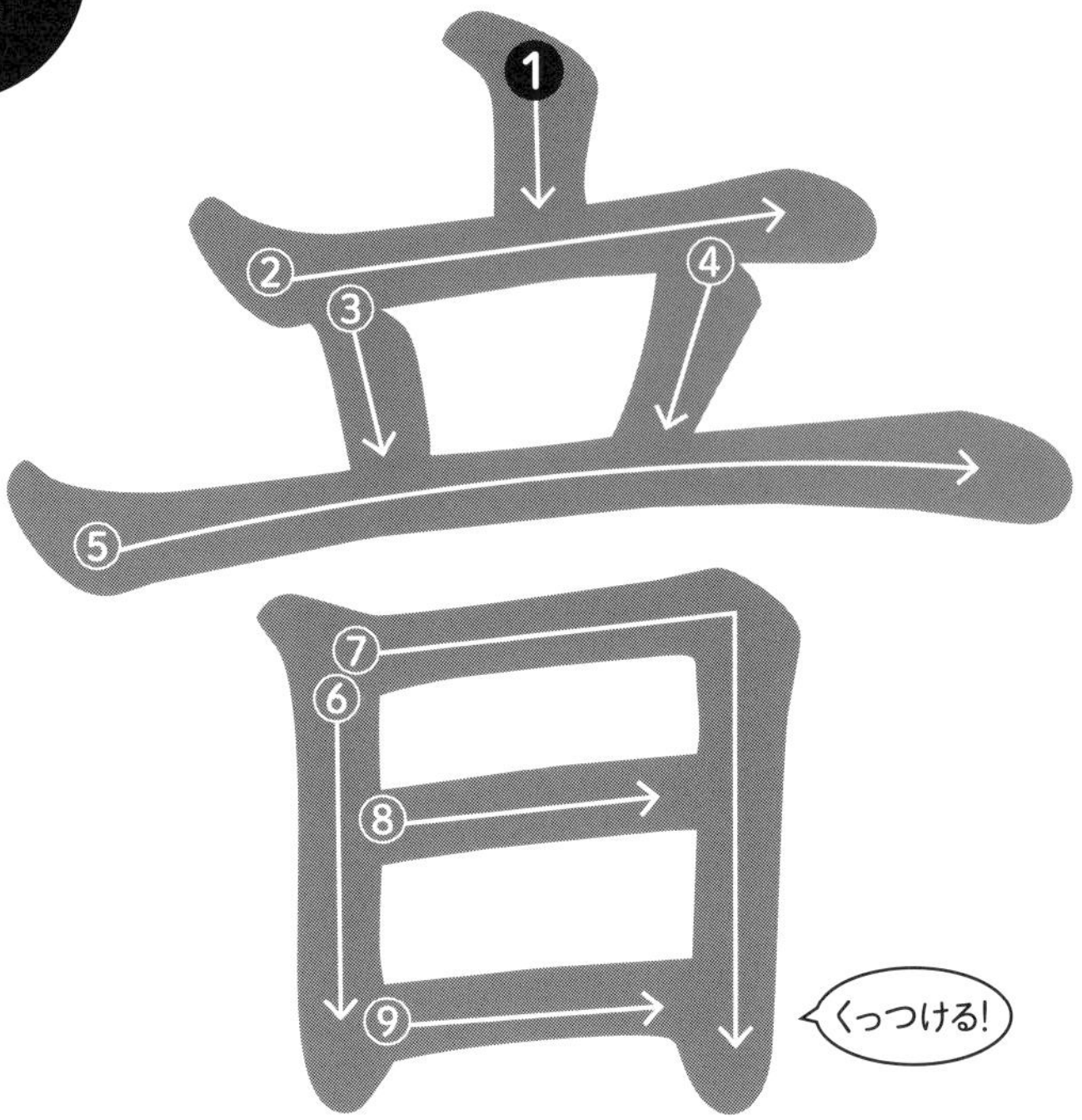

音
1
2
3
4
5
6
7
8
9
くっつける!

こんどの音楽《おんがく》かいは、なんのがっきをするの？
トライアングルよ！

1

こえに
だして
五回
よもう

「音」でできることば

物音《ものおと》　雨音《あまおと》

音譜《おんぷ》　母音《ぼいん》

音楽《おんがく》　音読《おんよ》み

音色《ねいろ》　虫《むし》の音《ね》

きくと元気《げんき》になる音楽《おんがく》はなにかな？
自分《じぶん》のテーマソングがあるといいね！

2

こえにだしてなぞってみよう

【くんよみ】くさ

【おんよみ】ソウ

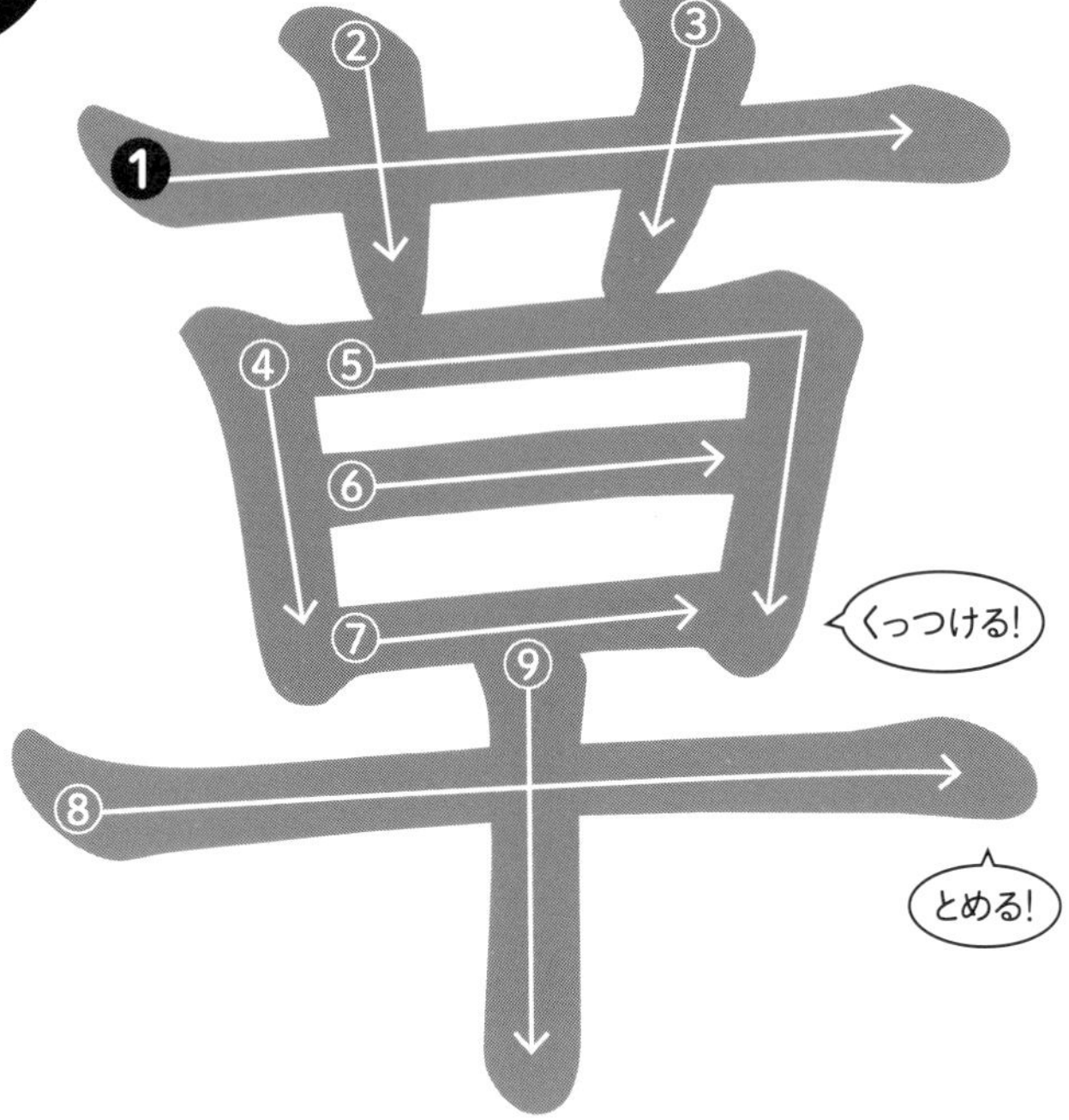
くっつける!
とめる!

きゅうしょく
山田《やまだ》さんだよ!
ハイ!七草《ななくさ》がゆ
なんだよ七草《ななくさ》って
チェッ
1

こえにだして五回よもう

「草」でできることば

草《くさ》花《ばな》　草《くさ》笛《ぶえ》

道《みち》草《くさ》　草《くさ》むら

雑《ざっ》草《そう》　草《くさ》分《わ》け

草《そう》食《しょく》　草《くさ》取《と》り

一月七日《いちがつなのか》に七草《ななくさ》がゆをたべるのは、今年《ことし》も元気《げんき》にすごせるようにといういみだよ。

せり、なずな、ごぎょう、はこべら、ほとけのざ、すずな、すずしろ。
おぼえておけよ!
はい…

2

こえにだしてなぞってみよう

【くんよみ】

【おんよみ】コウ

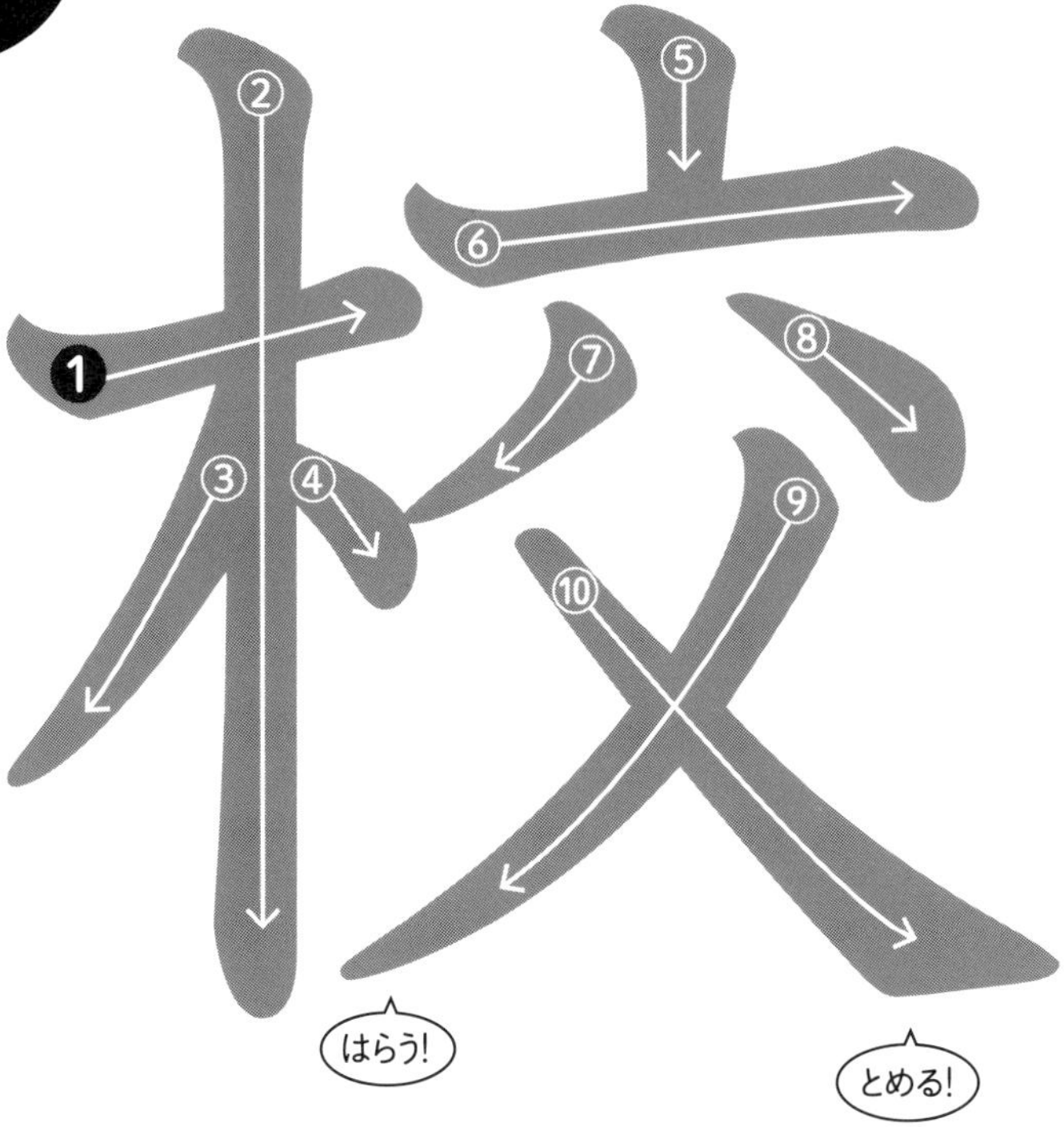
はらう!
とめる!

アメリカからきたてん校生《こうせい》をしょうかいします
I ♡ NY
1

こえにだして五回よもう

「校」でできることば

校門《こうもん》

校歌《こうか》

校庭《こうてい》

下校《げこう》

登校《とうこう》

母校《ぼこう》

転校《てんこう》

全校《ぜんこう》

学校《がっこう》にあるものはみんなのものだから、たいせつにつかいたいね。

ミナサンコンニチワ。ワガハイハ「ビル」デアル。ヨロシクデアル。
I♡NY
すごい
オー

【くんよみ】もり

【おんよみ】シン

こえにだしてなぞってみよう

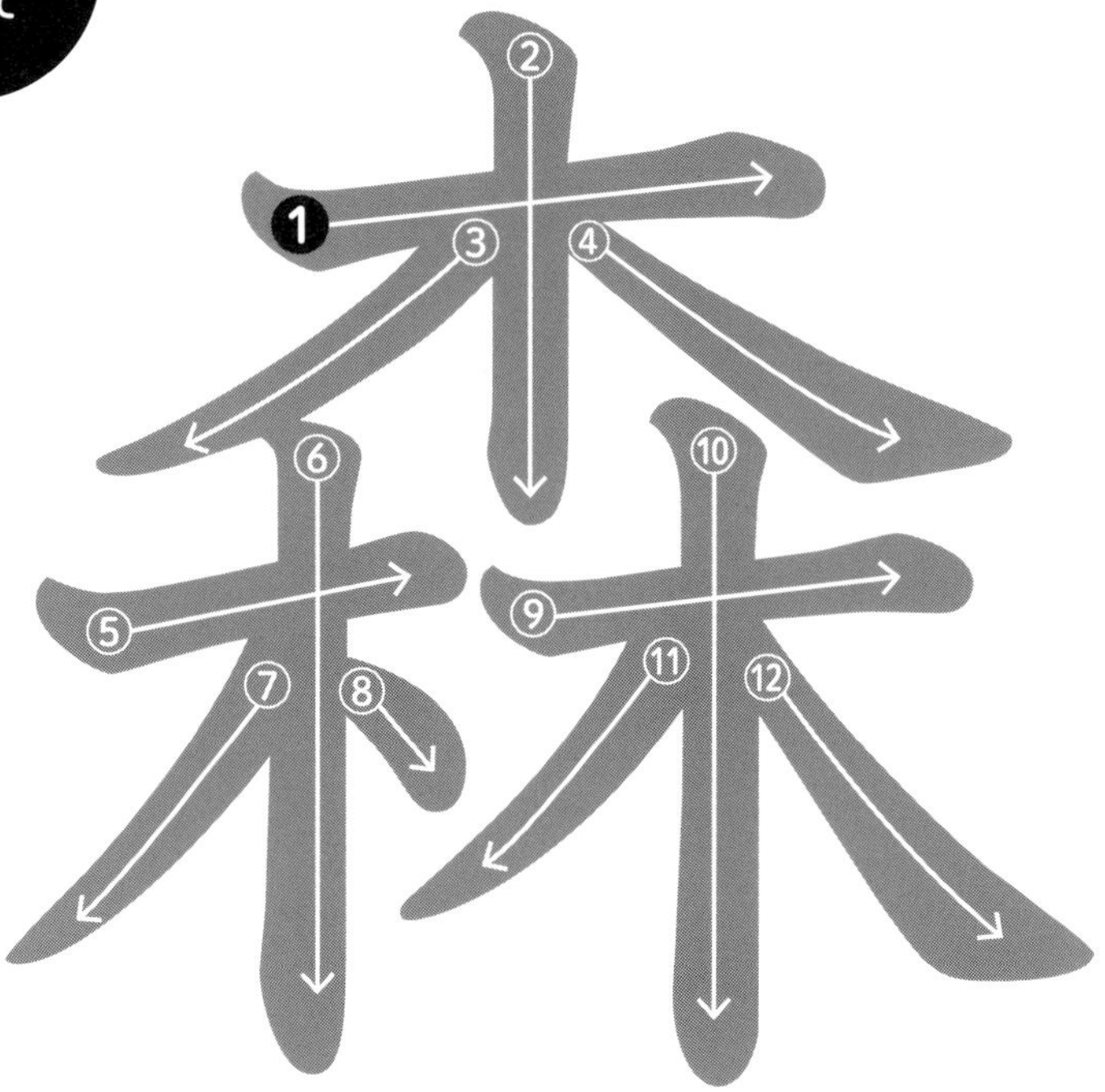

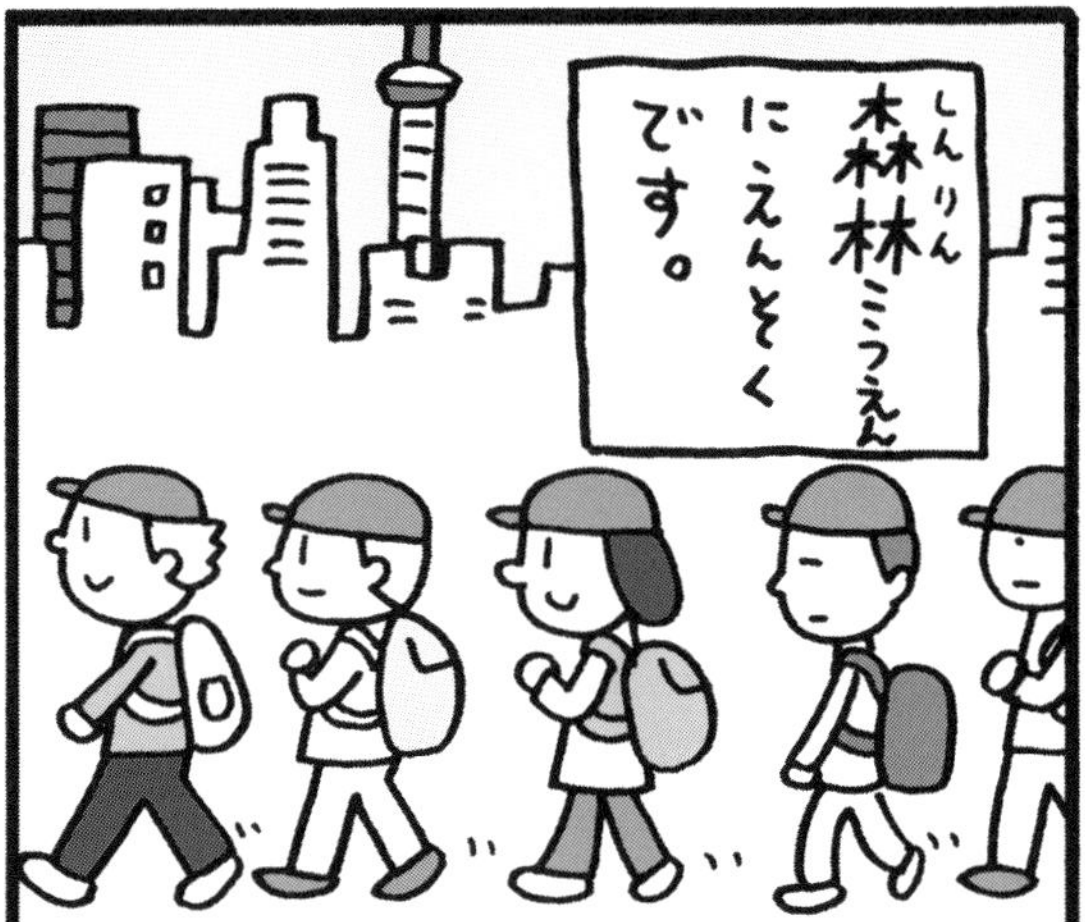
森林《しんりん》こうえんにえんそくです。

1

こえにだして五回よもう

「森」でできることば

森林《しんりん》　森林浴《しんりんよく》

森山《もりやま》　森《もり》の中《なか》

森閑《しんかん》　青森《あおもり》

市民《しみん》の森《もり》

一年生《いちねんせい》でならう漢字《かんじ》で一番《いちばん》、画数《かくすう》が多《おお》いよ。バランスよくかけるようになろう!

森《もり》の中《なか》ってきもちいいね!!

2

コラム④

国語《こくご》は体育《たいいく》だ！

漢字《かんじ》は体でおぼえよう

この本《ほん》のタイトルは、『これでカンペキ！声《こえ》に出《だ》してマンガでおぼえる1年生《いちねんせい》の漢《かん》字《じ》』。

漢字《かんじ》は「かく」ものなのに、どうして声《こえ》に出《だ》すの？　とおもったかもしれない。

もちろん、この本《ほん》にでている字《じ》をなぞるだけでも、漢字《かんじ》はおぼえられる。

でも、声《こえ》に出《だ》して、ゆびでかきじゅんをなぞることで、口《くち》や手《て》だけでなく、耳《みみ》もつかうことになり、ぜんしんで漢字《かんじ》をおぼえることができるんだ。

かきじゅんのひとつひとつを、「いーーーち」「にーーーい」「さーーーーん」とまるで「運動《うんどう》」のように、体《からだ》ぜんたいをうごかしておぼえた漢字《かんじ》は、わすれにくいんだよ。

だって、漢字《かんじ》をかこうとすれば、どこからか「いーーーち」「にーーーい」ときこえてきて、手《て》がうごいて、漢字《かんじ》がかけてしまうのだから。

すいえいでも、てつぼうのさか上《あ》がりでも、じてんしゃでも、一回《いっかい》できたことは、つぎもできるよね。

一回《いっかい》できたことは体《からだ》がちゃんとおぼえているから、時間《じかん》がたってもくりかえしてできるようになるんだ。

それと同《おな》じ。

からだでおぼえた漢字《かんじ》はわすれないよ。

漢字《かんじ》のトレーニング、ファイト！

もうひとつたいせつなことは、なんどもくりかえしてれんしゅうすること。

みんなは、毎日毎日《まいにちまいにち》あたらしいことをべんきょうするよね。あたらしいことがあたまに入《はい》ってくると、そっちにいしきがむいてしまい、まえのことをわすれてしまうかもしれない。

だからこそ、くりかえしてれんしゅうするのがだいじなんだ。

声《こえ》にだして、からだぜんたいをつかって、漢字《かんじ》をかくれんしゅうをなんどもすれば、「この漢字《かんじ》なんだっけ？」「どうかくんだったっけ？」とかんがえなくても、しぜんに手《て》がうごくようになるよ。

それが「みにつく」ということなんだね。

スポーツもゲームも、なんどもやるからじょうずになるんだ。

漢字《かんじ》もおなじこと。

毎日《まいにち》トレーニングするから、じょうたつする。

じょうたつしたら、またあたらしい漢字《かんじ》にチャレンジしてトレーニングする。

スポーツみたいなものだね。

国語《こくご》は体育《たいいく》だ！

体《からだ》でおぼえるまで、なんかいでもれんしゅうしよう。

なかまの漢字《かんじ》❶

数《かず》

ものをかぞえる単位《たんい》は、いろいろあるね。声《こえ》に出《だ》してよんでみよう

一《いち》まい

二《に》頭《とう》

三《さん》足《ぞく》

四《よん》ひき

五《ご》さつ

六《ろく》人《にん》

七《なな》つぶ

九《きゅう》本《ほん》

八《はち》こ

十《じゅう》台《だい》

かぞえるものによって、漢《かん》字《じ》のよみかたがかわってくるよ。なんども声《こえ》にだしておぼえてしまえば、まようことはないね。

なかまの漢字《かんじ》❷

曜日《ようび》

「月曜日《げつようび》　火曜日《かようび》」と口《くち》からすらすらいえるまで、なんどもいおう

日《にち》曜《よう》日《び》　月《げつ》曜《よう》日《び》　火《か》曜《よう》日《び》　水《すい》曜《よう》日《び》

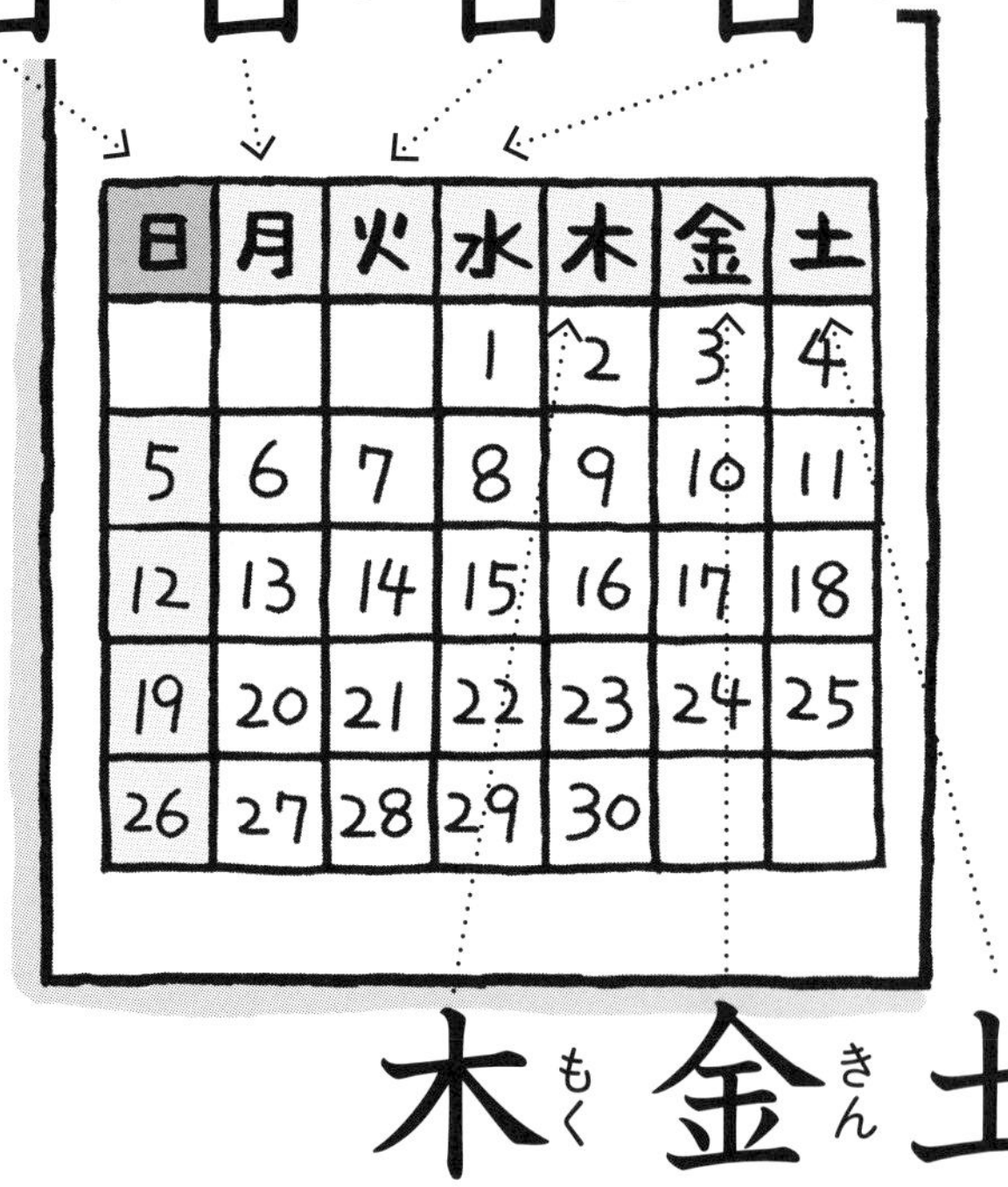

日	月	火	水	木	金	土
			1	2	3	4
5	6	7	8	9	10	11
12	13	14	15	16	17	18
19	20	21	22	23	24	25
26	27	28	29	30		

木《もく》曜《よう》日《び》　金《きん》曜《よう》日《び》　土《ど》曜《よう》日《び》

なかまの漢字❸

日《ひ》にちの漢字《かんじ》

きまったいいかたがあるから、おぼえてしまおう

一日《ついたち》

二日《ふつか》

三日《みっか》

四日《よっか》

五日《いつか》

六日《むいか》

七日《なのか》

八日《ようか》

九日《ここのか》

十日《とおか》

二十日《はつか》

なかまの漢字❹

勉《べん》強《きょう》

学校《がっこう》で勉強《べんきょう》する科目《かもく》だね。これも声《こえ》に出《だ》しておぼえよう

国語《こくご》

算数《さんすう》

理科《りか》

社会《しゃかい》

図画工作《ずがこうさく》

道徳《どうとく》

体育《たいいく》

音楽《おんがく》

学活《がっかつ》

生活《せいかつ》

なかまの漢字⑤

学校《がっこう》

学校《がっこう》にはいろいろな場所《ばしょ》があるね。漢字《かんじ》がよめたら、まよわないよ

教室《きょうしつ》

職員室《しょくいんしつ》

給食室《きゅうしょくしつ》

保健室《ほけんしつ》

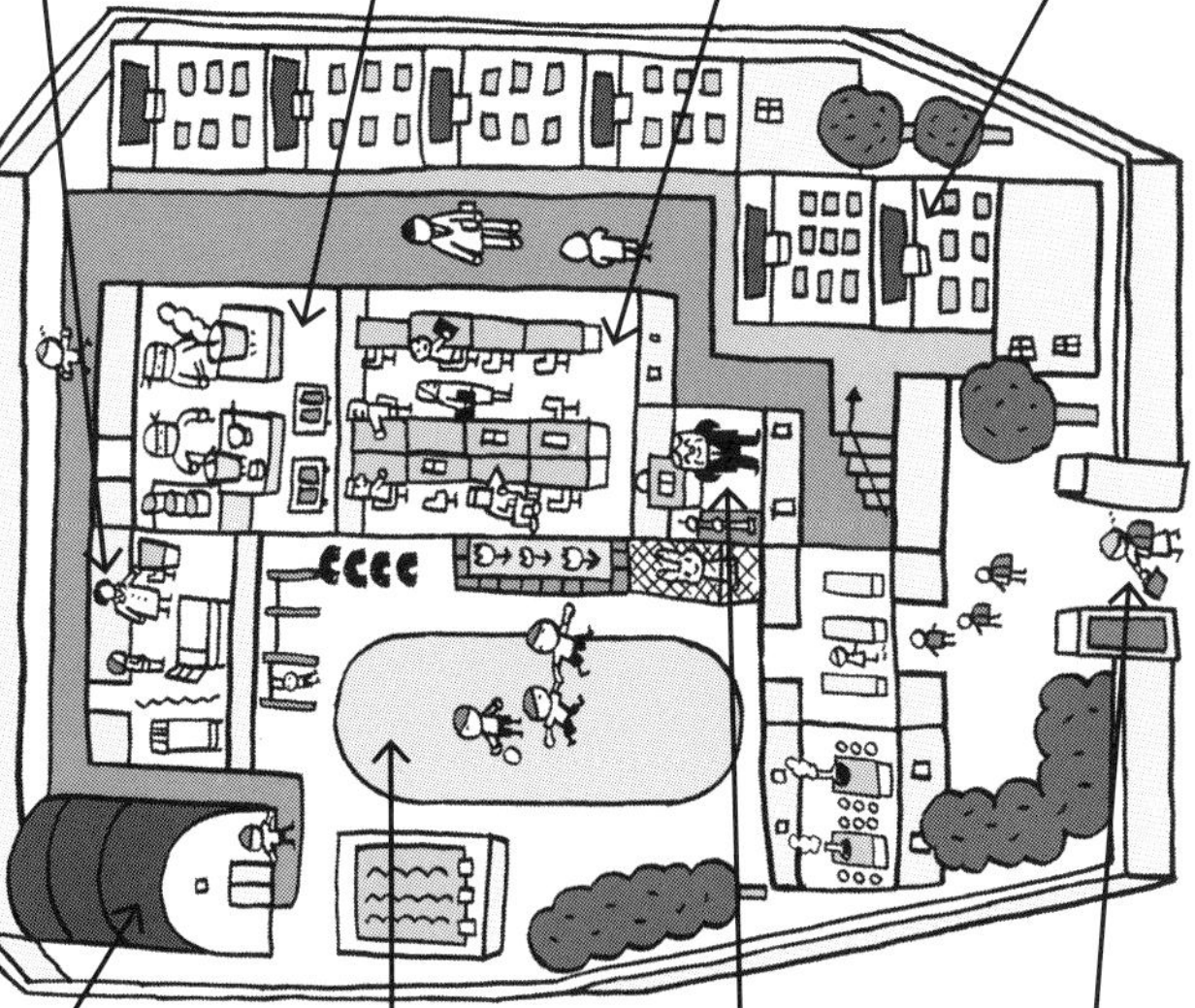

正門《せいもん》

校長室《こうちょうしつ》

校庭《こうてい》

体育館《たいいくかん》

いろいろなよみかた

ひとつの漢字《かんじ》にはいろいろなよみかたがあるね

「上」のばあい……「うえ、じょう、かみ」とよむよ

年《とし》上《うえ》
上《うえ》下《した》

地《ち》上《じょう》
上《じょう》下《げ》

川《かわ》上《かみ》
上《かみ》手《て》

「下」のばあい……「した、げ、か」とよむよ

年《とし》下《した》
下《した》手《て》

上《じょう》下《げ》
下《げ》校《こう》

地《ち》下《か》
下《か》流《りゅう》

「木」のばあい……「もく、ぼく、き」とよむよ

材《ざい》木《もく》
木《もく》星《せい》

大《たい》木《ぼく》
木《ぼく》刀《とう》

草《くさ》木《き》
木《き》戸《ど》

「名」のばあい……「な、みょう、めい」とよむよ

宛《あて》名《な》
名《な》前《まえ》

本《ほん》名《みょう》
名《みょう》字《じ》

地《ち》名《めい》
名《めい》案《あん》

いろいろなくみあわせ

くみあわせる漢字《かんじ》によって、いろいろな意味《いみ》になるね

「一《いち》」でできることば

一《いち》

夜《や》　番《ばん》　日《にち》　年《ねん》

「一《ひと》」でできることば

一《ひと》

雨《あめ》　口《くち》　言《こと》　山《やま》

「三《さん》」でできることば

三《さん》

色《しょく》 番《ばん》 食《しょく》 本《ぼん》

「夕《ゆう》」でできることば

夕《ゆう》

刊《かん》 立《だち》 日《ひ》 食《しょく》

おわりに

たくさんの漢字《かんじ》がでてきたけど、おぼえられたかな？

一度《いちど》にぜんぶ、おぼえられなくてもいい。

なんどもくりかえしてれんしゅうすることがだいじだよ。

なんどもなんどもれんしゅうすると、**からだが漢字《かんじ》をおぼえて、かんがえなくても漢字《かんじ》がかけたりよめたりするようになる。**

そうなったとき、漢字《かんじ》の「ワザ」がみについたことになるんだ！

漢字《かんじ》は、まず一《ひと》つひとつの**正《ただ》しいかきじゅんをおぼえて**しまうこと、そして、その漢字《かんじ》をつかった**熟語《じゅくご》がよめるこ**

とがだいじだよ。そうすれば、漢字《かんじ》をじゆうにつかうことができるようになるよ。

じゃあ、さいごにテストだ！

いくつの漢字《かんじ》がよめるかな。

一気　名人　大小　千円　夕日

空手　火山　学生　本人　山林

休日　水車　大金　草花　下校

ぜんぶ、よめたかな？こたえはこの本《ほん》の中《なか》にあるよ。

さあ、チャレンジしてみよう！

齋藤孝
1960年生まれ。東京大学法学部卒業。同大学院教育学研究科博士課程を経て、明治大学文学部教授。専門は教育学、身体論、コミュニケーション論。著書に『これでカンペキ！　マンガでおぼえる』シリーズ、『子どもの日本語力をきたえる』など多数。

編集協力
佐藤恵

ブックデザイン
野澤享子
高倉美里（permanent yellow orange）

イラスト
ヨシタケシンスケ（カバー）
漆原冬児（本文）

これでカンペキ！
声に出して
マンガでおぼえる
1年生の漢字

発行日　2015年5月31日　第1刷発行
　　　　2019年2月15日　第4刷発行
著者　齋藤孝
発行者　岩崎弘明
発行所　株式会社 岩崎書店
東京都文京区水道1-9-2
〒112-0005
電話　03（3812）9131［営業］
　　　03（3813）5526［編集］
振替　00170-5-96822
印刷・製本　株式会社光陽メディア

Published by IWASAKI Publishing Co.,Ltd.
Printed in Japan
ISBN978-4-265-80215-9　NDC814

岩崎書店ホームページ　http://www.iwasakishoten.co.jp
ご意見をお寄せください　info@iwasakishoten.co.jp